로버트 맥체인 설교집

마가복음

SERMONS ON THE GOSPEL OF MARK

by Robert Murray McCheyne

그리스도인들은 그 책의 사람들, 바로 성경의 사람들입니다. 성경에만 권위를 두고, 성경대로 살며, 성경에 자신을 계시하신 삼위 하나님만을 예배하고 사랑합니다. 이에 **그 책의 사람들**은 하나님께만 영광 돌리고, 하나님의 나라와 교회의 번영과 행복을 위해 성경에 충실한 도서들만을 독자들에게 전하겠습니다.

로버트 맥체인 설교 시리즈 2

MARK

로버트 맥체인 설교집

마가복음

로버트 맥체인 지음 | 임정민 옮김

R O B E R T   M C C H E Y N E

차 례

—

1

사람을 위해 있는 안식일

—

1. 사람을 위해 있는 안식일[1]

안식일이 사람을 위하여 있는 것이요(막 2:27).

육신에 속한 사람들은 안식일을 이해하지 못합니다. 이들이 저지르는 두 가지 잘못이 있습니다. 먼저, 안식일을 미신으로 지키려는 사람들이 있습니다. 바리새인들은 제자들이 이삭을 잘라 먹지 못하게 했고, 예수님이 안식일에 병 고치신 것을 보고 크게 노여워했습니다. 또 반대편 극단으로 가는 사람들도 있습니다. 곧, 안식일을 아예 없애 버리려는 사람들입니다. 둘 다 '안식일이 사람을 위하여 있다'는 이 신성한 진리를 모르기는 매한가지입니다.

---

1 1841년 12월 12일, 던디(Dundee)에 있는 성 베드로 교회에서 한 설교.

온 세상에 빛과 열을 쏟아붓는 금빛 해가 사람을 위해 있고, 밤을 밝히는 포근한 은빛 달이 사람을 위해 있고, 모든 가축과 나무와 꽃이 사람을 위해 있듯이, 안식일도 사람을 위해 있습니다. 사람의 유익을 위해 있고, 사람을 그의 하나님께 이끌기 위해 있습니다. 사람의 행복을 위해 있고, 사람을 기쁨의 샘으로 이끌기 위해 있습니다. 유대인만 위해 있는 것도, 이방인만 위해 있는 것도 아니고, 모든 사람을 위해 있습니다. 한 나라, 한 지역, 한 세대만을 위해 있지 않고, 온 인류를 위해 있습니다. 해와 달이 세상 한복판을 지나는 사람의 길을 밝히기 위해 있듯이, 안식일은 사람을 하늘로 이끌기 위해 있습니다.

이제 안식일이 온 인류를 위해 있다는 사실을 밝혀 보겠습니다.

1. 이성으로 밝혀 보겠습니다

저는 이성만 가지고 말하는 것을 즐겨 하지 않습니다. 우리가 할 큰일은 성경을 해석하는 것이지, 철학을 가르치는 것이 아니기 때문입니다. 믿지 않는 사람들은 안식일을 엄격하고 거룩하게 지키는 것이 이성에 어긋나는 일이라고 곧 잘 말하는데, 저는 성경의 도움 없이도 안식일이 사람의 몸과 생각과 영혼에 꼭 필요하다는 사실을 밝혀 보겠습니다.

1) 몸. 안식일이라는 주제와 관련해 하원에서 채택한 증거자료에 보면, 잉글랜드에서 가장 훌륭한 몇몇 의사는 몸을 늘 활기찬 상태로 유지하려면 일주일 가운데 하루를 온전히 쉬어야 한다고 똑똑히 밝혀 놓았습니다. 사람이나 동물이나 일주일에 적어도 하루는 뼈와 근육을 아주 쓰지 말아야 한다는 것입니다. 말을 타고 다니는 사람들은 잘 알다시피, 말이 늘 기운차고 활기찬 상태를 유지하게 하려면 일주일에 하루를 종일 쉬게 해줘야 합니다. 이것은 안식일이 사람을 위해 있다는 사실을 증명합니다.

2) 생각. 몸만 그런 것이 아니라 생각도 똑같습니다. 사람의 생각이 힘을 내려면, 틈나는 대로 한 번씩 쉬어야 할 뿐 아니라, 생각하던 주제를 머릿속에서 아주 들어내기도 해야 합니다. 그래야 머리가 맑아져 생기와 활력을 되찾을 수 있습니다. 몸을 밤낮 구부리고 있으면 몸이 탄력을 잃듯이, 쉬는 날이 없으면 사람의 생각도 마찬가지입니다.

3) 영혼. 하나님이 계시고 구속받은 사람들의 교회가 있다면, 이들이 온 마음과 영혼을 다해 하나님을 예배하는

것은 틀림없이 합당한 일입니다. 하지만 우리가 온 마음을 다해 하나님을 예배하려면, 이 일을 위해 반드시 특정한 시간을 따로 떼어 놓아야 합니다. 이성으로는 이 시간이 어느 정도여야 하는지, 또 얼마나 자주 되풀이되어야 하는지 알 길이 없습니다. 하지만 이런 시간이 꼭 필요하다는 것은 이성이 똑똑히 가르쳐 줍니다. 그러니까 이성의 흐릿한 빛조차도 이 진리를 증언합니다.

'이성'을 떠받드는 사람들은 자기네가 남들이 보지 못하는 새로운 빛을 가졌다고 우리를 설득하려 할 것입니다. 이들은 목사에게 부림 받는 사람들, 곧 잘 보낸 안식일을 좋아하는 사람들을 불쌍한 눈으로 내려다봅니다. 그러나 이들 안에 있던 빛이 어둠이었고, 이 어둠이 얼마나 컸는지 온 세상에 드러날 날이 다가오고 있습니다!

2. 하나님의 본보기로 밝혀 보겠습니다

하나님은 세상을 창조하실 때 엿새 동안 하셨습니다. "하나님이 그가 하시던 일을 일곱째 날에 마치시니 그가 하시던 모든 일을 그치고 일곱째 날에 안식하시니라 하나님이 그 일곱째 날을 복되게 하사 거룩하게 하셨으니"(창 2:2-3).

자, 하나님이 안식일에 쉬신 것은 하나님 자신을 위한 것이 아니었습니다. "영원하신 하나님 여호와, 땅 끝까지 창조하신 이는 피곤하지 않으시며 곤비하지 않으시며"(사 40:28). 하나님은 우리를 위해, 사람에게 본을 보이시려고 쉬셨습니다.

안식일은 유대인만을 위한 것이 아니었습니다. 유대인은 이천 년밖에 있지 않았습니다. 안식일은 사람, 곧 첫 사람부터 마지막 사람까지 온 인류를 위한 것이었습니다. 안식일은 사람을 위해 있습니다. 안식일을 적대하는 사람들은 흔히 안식일이 유대인의 의식이었다고 주장하는데, 이들이 까맣게 잊고 있는 사실이 있습니다. 곧, 첫 안식일은 죄 없는 세상에 동텄다는 사실입니다. 사람은 낙원에서조차 안식일이 필요했습니다.

안식일을 안 지키는 사람들은 사람이 타락하기 전보다 지금이 더 낫다고 생각하는 모양입니다. 하나님은 에덴에서조차 사람에게 안식일, 곧 아침부터 저녁까지 하나님께 바치는 날을 주셨습니다. 하물며 죄 있는 불쌍한 사람, 본성으로 하나님을 반대하고 그 마음이 진토에 붙은 사람은 이제 얼마나 더 안식일이 필요하겠습니까? 태초에 안식일을 지키신 하나님이 지금 안식일을 어기는 사람들의 어리석음을 얼마나 호되게 꾸짖으십니까? 여러분이 하나님보다 더 지혜로우십니까? 여러분이 사람에게 무엇이 좋은지 더 잘 아십니까? 사람의 본성에 어울리는 것이 무엇이고, 사람의 결핍에 필요한 것이 무엇인지 더 잘 아십니까?

3. 하나님의 명령으로 밝혀 보겠습니다

"안식일을 기억하여 거룩하게 지키라"(출 20:8). 하나님은 이스라엘을 자신의 소유 된 백성으로 삼으실 때, 창조 때 사람 마음에 새기신 거룩한 율법을 아주 두드러지고 무시무시한 방식으로 되살리셨습니다. 하나님은 활활 타오르는 시내산 꼭대기에서 자기 목소리로 율법을 말씀하셨고, 이 율법이 영구함을 보여 주시려고 이 율법을 두 번이나 손수 돌판에 새기셨습니다. 그리고 이 율법 안에서 우리는 "안식일을 기억하여 거룩하게 지키라"는 말씀을 보게 됩니다. 이것은 새 명령으로 주신 것이 아니라, 옛 명령을 되살리신 것이었습니다. 나머지 아홉 계명이 모든 사람에게 의무를 지우기에, 넷째 계명도 모든 사람에게 의무를 지운다는 것은 터럭만큼도 의심할 수 없는 사실입니다.

그리스도는 똑똑히 말씀하십니다. "내가 '율법'이나 '선지자'를 폐하러 온 줄로 생각하지 말라 폐하러 온 것이 아니요 완전하게 하려 함이라"(마 5:17). 그러니까 그리스도는 넷째 계명도 폐하러 오시지 않았습니다. 새 언약에서 하나님은 이렇게 말씀하십니다. "내가 나의 법을 그들의 속에 두며 그들의 마음에 기록하여"(렘 31:33). 옛 언약에서는 율법을 돌에다 기록하셨습니다.

바뀐 것은 판이지, 율법이 아닙니다. 말하자면, 하나님이 '내가 이제 더는 율법을 돌판에 새기지 않고, 마음판에 새기겠다' 하시는 것입니다. 그러나 돌판에 새기신 바로 그 율법입니다. 마찬가지로 새로운 피조물은 "내 속사람으로는 하나님의 법을 즐거워"(롬 7:22)한다고 말합니다. 새로운 마음이 좋아하는 율법은 하나님이 시내산에서 주신 바로 그 율법입니다. 이것은 안식일이 사람을 위해 있다는 것을 보여 줍니다.

4. 하나님의 자녀는 누구나 안식일을 좋아합니다

"너희는 나의 안식일을 지키라 이는 나와 너희 사이에 너희 대대의 표징이니"(출 31:13; 겔 20:12). 이스라엘은 이들의 거룩한 안식일을 지키는 동안 주님의 백성으로 알려졌습니다. 이것은 이들의 이마에 새겨진 표로, 이들이 하나님의 소유가 된 백성임을 가리키는 것이었습니다.

이것은 지금도 하나님과 믿는 사람들 사이의 표징입니다. 우리가 믿는 사람이라는 것을 보여 주는 표지가 여럿 있지만, 이것은 가장 단순한 표지 가운데 하나입니다. 다윗은 말합니다. "이날은 여호와께서 정하신 것이라 이날에 우리가 즐거워하고 기뻐하리로다"(시 118:24). 요한은 자신이 '주의 날'에 성령의 감동을 받았다고 말합니다(계 1:10). 여러분, 안식일 전체의 거룩함을 지키지 않는 거룩한 목사를 보신 적 있습니까? 그리스도의 형상을 지닌 하나님의 자녀 가운데 안식일을 거룩하게 보내는 것을 좋아하지 않는 사람을 보신 적 있습니까?

방주에 탄 노아, 광야로 들어간 모세, 보좌에 앉은 다윗, 입술이 부정한 백성 중에 사는 이사야, 밧모 섬으로 귀양 간 요한, 모두가 다 안식일을 즐거운 날이라 했습니다(사 58:13). 지금도 하나님의 자녀는 누구나 잘 보내는 안식일에 대해 같은 입맛과 욕구를 지니고 있습니다. 이날은 이들이 그리스도께 가장 가까이 가는 날이고, 그리스도의 성령을 가장 많이 받는 날이고, 그리스도의 기쁨에 가장 깊이 들어가는 날입니다. 이것은 안식일이 사람을 위해 있다는 것을 보여 주지 않습니까?

저는 하나님의 자녀에게 오류가 없다거나, 이들의 입맛과 기분이 삶의 규범이라고 말하려는 것이 아닙니다. 하지만 하나님이 이런 특별한 입맛과 욕구를 자신의 말씀에 꼭 들어맞게 자기 모든 자녀들 마음속에 두셨다고 믿을 수 있는 까닭은, 하나님이 우리가 안식일을 좋아하기를 바라셨기 때문 아닐까요? 하나님의 자녀는 하나님 자신을 반영합니다. 하나님의 형상대로 지음을 받았습니다. 하나님의 율법이 그 마음에 새겨져 있습니다. 그러니까 안식일에 대한 이 특별한 사랑은 참으로 하나님이 주신 것입니다. 이처럼 안식일은 사람을 위해 있습니다. 여러분에게는 안식일에 대한 이 특별한 입맛이 있습니까? 여러분은 잘 보낸 안식일을 좋아하십니까? 그렇다면 여러분은 사망에서 옮겨 생명으로 들어갔다는 표를 하나 가진 것입니다(요일 3:14). 여러분 중에 자신이 하나님의 자녀가 아니고, 위에 있는 안식일로 가고 있지 않다는 사실을 똑똑히 알 사람이 얼마나 많을까요!

5. 하나님의 원수는 누구나 안식일을 싫어합니다

광야에서 믿지 않은 이스라엘 백성은 안식일을 이해할 수 없었습니다. 이들은 일곱째 날에도 만나를 거두러 나갔다가 얻지 못했습니다(출 16:27). 에스겔은 하나님의 안식일을 크게 더럽힌 것을 이스라엘이 지은 가장 큰 죄 가운데 하나로 고발합니다(겔 20:13). 아모스는 그 시대의 경건하지 않은 사람들이 "월삭이 언제 지나서 우리가 곡식을 팔며 안식일이 언제 지나서 우리가 밀을 내게 할꼬"(암 8:5) 했다고 말합니다. 이스라엘은 안식일을 어기는 바람에 바벨론에 포로로 잡혀갔고, 땅은 쉬고 안식을 누렸습니다. 예레미야는 예루살렘의 대적들이 안식일을 비웃는다며 슬퍼했습니다(애 1:7, KJV).

경건하지 않은 사람들은 지금도 마찬가지입니다. 이들은 하루 종일 하나님과 보내는 것을 못 견딥니다. 이들은 은밀히 기도하기를 싫어합니다. 이 기도가 하나님께 가까이 데려가기 때문입니다. 육신의 생각으로는 하나님과 보내는 한 시간이 지옥 같을 것입니다. 마찬가지로 이들은 거룩한 안식일 하루를 못 견딥니다. 쾌락을 즐기고 우상을 숭배하는 데는 주마다 하루를 몽땅 바쳐도 아무렇지 않을 것입니다. 그런데 하나님과 보내는 하루는 육신에 속한 사람에게 지옥 같습니다. 이것이 하나님과 그리스도를 생각하게 하고, 율법과 영원을 생각하게 하기 때문입니다. 육신에 속한 사람은 이것을 못 견딥니다. 이것은 복음이 사람을 위해 있는 만큼 참으로 안식일이 사람을 위해 있다는 것을 보여 주지 않습니까?

사람은 복음을 좋아하지 않습니다. 복음은 사람에게 어리석게 보입니다. 그렇지만 사람을 구원할 길은 복음밖에 없습니다. 사람은 안식일을 좋아하지 않지만, 안식일은 사람에게 은혜의 장날입니다. 안식일이 세상에 속했다면 세상은 자기 것을 사랑했겠지만, 안식일은 세상에 속하지 않고 거룩하신 하나님의 선물이기 때문에 세상은 안식일을 싫어합니다(요 15:19). 세상이 안식일을 더욱 싫어하고 안식일에 맞서 더욱 날뛸수록, 안식일이 사람을 위해 있다는 것은 더 뚜렷해집니다.

그렇다면 먼저, 안식일을 반대하는 것에 놀라지 않는 법을 배우십시오. 이것은 뱀의 후손과 여자의 후손이 벌이는 오랜 싸움입니다. 이들은 그리스도 자신을 싫어했기 때문에, 이들이 그리스도의 거룩한 날을 싫어한다 해도 그다

지 놀라운 일은 아닙니다. 당장이라도 영국에 밀려닥칠 듯한 안식일을 안 지키는 사람들의 거센 물살에 놀라지 마십시오. 이들은 줄곧 안식일을 싫어했는데, 그날의 주인이신 분을 싫어하기 때문입니다. "하늘에 계신 이가 웃으심이여 주께서 그들을 비웃으시리로다"(시 2:4). 지금은 이들이 이길지 모릅니다. 그러나 잠깐일 것입니다.

둘째, 이것으로 여러분이 하나님의 자녀인지 아닌지 시험해 보십시오. 여러분은 거룩한 안식일을 좋아하십니까? 흥미진진한 설교를 듣고, 친구들을 만나고, 찬송을 부르는 것과 같이 안식일의 겉모습을 좋아하느냐고 묻는 것이 아닙니다. 하나님과 교제하고, 하나님을 기뻐하고, 하나님을 사랑하고 공경하고 찬송하는, 거룩한 안식일의 속 내용을 좋아하느냐는 것입니다. 여러분은 안식일을 위에 있는 안식일처럼 좋아하십니까? 안식일이 그렇지 않았던 때를 기억하십니까? 여러분, 이제껏 헛된 즐거움을 좋아했던 것보다 지금 안식일을 더욱 좋아하십니까? 그렇다면 저는 여러분이 사망에서 옮겨 생명으로 들어갔다고 믿습니다.

셋째, 여기서 안식일을 좋아하지 않는 여러분, 여러분은 결코 영원한 안식을 누리지 못할 것입니다. 안식일을 선술

집에서 신문이나 보며 보내거나, 게으른 사람들과 함께 보내는 여러분, 여러분은 결단코 천국에 들어가지 못할 것입니다. 지옥이 여러분의 분깃입니다. 거기에는 안식일이 없습니다.

—

2

예수님 발치에 앉음

—

2. 예수님 발치에 앉음

> 예수께 이르러 그 귀신 들렸던 자 곧 군대 귀신 지폈던 자
> 가 옷을 입고 정신이 온전하여 앉은 것을 보고 두려워하더
> 라(막 5:15).

예수님이 행하신 기적에 영적으로 깊은 뜻이 있음은 의심
할 나위 없는 사실입니다. 예수님이 소경의 눈을 뜨게 하
셨을 때, 이것은 예수님이 마음의 눈을 능히 여실 수 있다
는 것을 보여 주려는 것이었습니다. 문둥병자에게 "내가
원하노니 깨끗함을 받으라"(마 8:3)고 하실 때는 죄인 속에
깨끗한 마음을 창조하실 준비가 되었고 창조하실 능력이
있다는 것을 보여 주셨고(시 51:10), 죽은 나사로를 무덤에
서 부르실 때는 죽은 영혼을 능히 살리실 수 있다는 것을

보여 주셨습니다. 마찬가지로 예수님은 이 가엾고 불쌍한 사람에게서 더러운 영을 몰아내실 때, 여러분 중에서 "마귀의 뜻대로 마귀에게 사로잡힌"(딤후 2:26, KJV) 사람들을 건지실 준비가 되었고, 건지시기를 기뻐하신다는 것을 보여 주려고 하셨습니다.

1. 딱한 처지

우리가 마치 그 자리에 있었던 것처럼 이 일을 봅시다. 주께서 우리 눈에 기름을 바르사 거기에 생생히 그려진 우리 자신의 상태를 보여 주시길 빕니다.

1) 무덤 사이에서 나옵니다. "배에서 나오시매 곧 더러운 귀신 들린 사람이 무덤 사이에서 나와 예수를 만나니라 그 사람은 무덤 사이에 거처하는데 이제는 아무도 그를 쇠사슬로도 맬 수 없게 되었으니 이는 여러 번 고랑과 쇠사슬에 매였어도 쇠사슬을 끊고 고랑을 깨뜨렸음이러라 그리하여 아무도 그를 제어할 힘이 없는지라 밤낮 무덤 사이에서나 산에서나 늘 소리 지르며 돌로 자기의 몸을 해치고 있었더라"(2-5절).

갈릴리 호수 동쪽 해변에 보면, 산으로 둘러싸인 멋진

고장이 있고, 그 바위에 사람 손으로 깊이 판 무덤이 오늘날까지도 많이 남아 있습니다. 이 가엾고 불쌍한 사람은 밤낮으로 이 무덤 사이에서 살았습니다. 이 사람은 죽은 사람의 쓸쓸함을 좋아했습니다. 굴속에 도사린 뱀들을 무서워하지 않았고, 썩은 시체에서 나는 고약한 냄새를 역겨워하지 않았습니다. 이곳은 이 사람이 고른 거처였습니다. 이것은 회심하지 않은 영혼의 상태를 보여 주는 인상 깊은 상징입니다. 말하자면 여러분은 무덤 사이에서 삽니다. 그리스도가 없는 가정은 죽은 사람들이 사는 집이나 다름없습니다.

조용함. 거기서 기도나 찬송 소리가 들린 적이 없습니다. 여러분의 가정에서는 예수님의 아름다운 이름이 흘러나오지 않습니다. 여러분은 죽은 사람들 틈에서 삽니다. 여러분의 가장 친한 친구는 죽은 사람입니다. 무덤의 부패가 여러분 집안에 있습니다. 구더기가 썩은 시체를 파먹듯이, 정욕이 여러분의 영혼을 게걸스레 파먹습니다.

여러분은 여러분과 같이 죽은 영혼들과 함께 있기를 좋아합니다. 하나님을 경외하는 사람들의 활기찬 소리를 좋아하지 않습니다. 여러분은 하나님과 그리스도와 영원에 대해 죽은 영혼들과 함께 있기를 더 좋아합니다. 무덤의 어둠을 좋아하고, 어둠의 행실을 좋아합니다. 의의 햇빛보다 어둠을 더 좋아합니다. 복음의 빛을 싫어합니다. 요한처럼 "켜서 비추이는 등불"(요 5:35)과 같은 사람들을 여러분은 못 견딥니다.

2) 아무도 잡아매거나 제어하지 못합니다. 이 귀신 들린 불쌍한 사람이 예수님께 다가갈 때, 여러분은 이 사람 눈에서 제어할 수 없는 야생의 사나움을 볼 수 있었을 것입니다. 이 사람의 다부지고 우람한 팔뚝에는 흉터가 잔뜩 나 있었습니다. 사람들이 몇 번이나 고랑을 채우고 사슬로 묶었는데, 사슬을 끊고 고랑을 부숴 버렸기 때문입니다. 이 사람이 사납게 나설 때, 마을 사람들은 그 앞을 지나갈 엄두가 나지 않아 다 피해 다녔습니다.

이것은 회심하지 않은 영혼을 보여 주는 흐릿한 상징일 뿐입니다. 우리가 회심하지 않은 사람을 하나님이 보시듯이, 거룩한 천사들이 보듯이 볼 수 있다면, 바로 이 제정신이 아니고 제어할 수 없는 피조물을 보게 될 것입니다. 여러분 중에 교만한 마음을 지닌 사람이 있습니까? 누가 여러분을 제어할 수 있습니까? 누가 여러분을 잡아맬 수 있습니까? 누가 여러분의 허리를 구부러뜨려 자기를 부인하며 아름다운 사랑의 섬김을 하게 할 수 있습니까? 누가 여러분의 마음을 예수님의 어린 양 같은 마음으로 바꿔 놓을 수 있습니까?

여러분 중에 쉴 새 없이 죄를 짓는 음탕한 눈을 가진 사람이 있습니까? 누가 잡아맬 수 있습니까? 누가 제어할 수 있습니까? 누가 여러분의 마음을 깨끗하게 할 수 있습니까?

여러분 중에 분과 악이 가득한 혀를 가진 사람이 있습니까? 아무도 이 혀를 제어할 수 없습니다(약 3:8). 이 혀는 걷잡을 수 없는 악으로, 죽음에 이르게 하는 독을 잔뜩 머금고 있습니다.

여러분 중에 독한 술을 좋아하는 사람이 있습니까? 여러분을 제어하는 법을 벌써 배운 사람이 누구입니까? 누가 여러분을 잡아매 여러분의 단골집에 가지 못하게 하고, 여러분의 몸과 영혼을 망가뜨리는 죄를 짓지 못하게 할 수 있습니까?

회심하지 않은 사람을 묶는 고랑과 사슬이 여럿 있습니다.

① 부모의 권위. 이것은 하나님이 손수 만드신 거룩한 끈입니다. "네 부모를 공경하라 그리하면 네 하나님 여호

와가 네게 준 땅에서 네 생명이 길리라"(출 20:12). 아버지의 근엄한 말씀과 어머니의 애정 어린 눈길이 걷잡을 수 없는 마음을 잠깐 묶는 듯 보입니다. 하지만 묶였던 마음은 이내 풀려나고, 묶고 있던 끈 때문에 더욱 사납게 돌진합니다. 마치 봄이 찾아와 녹아 흐르는 거센 물살 같습니다.

② 목회. 이것은 하나님이 정하신 또 다른 끈입니다. 이것으로 잠깐은 꼼짝 못하게 된 듯 보입니다. 여러분이 지난 주일 저녁에 들은 것과 같은 무시무시한 경고가 잠깐 경솔한 죄인을 억누릅니다. 그리스도의 사랑은 즐거운 목소리로 부르는 즐거운 노랫소리 같습니다. 아마 잠깐은 세상을 버리고, 춤과 노래를 제쳐 두고, 성경과 은밀한 기도가 뒤따를 것입니다. 하지만 이내 불경건한 영혼의 사나운 본성이 홍수같이 불어나 이 끈을 모두 쓸어 갑니다.

③ 좋은 평판 받기를 좋아함. 이것은 또 다른 끈입니다. 우리나라에서 자신의 불경건함을 떳떳하게 드러내는 사람은 존경을 받지 못합니다. 그러니까 좋은 평판을 받고 싶어 하는 마음이 죄에 깊이 빠지지 못하도록 여러분 가운데 많은 사람을 억누릅니다. 여러분 중에 많은 사람이 고삐 풀리고 앞뒤 안 가리는 사람들처럼 대놓고 도를 넘지 못하

는 까닭은, 형식과 위선으로 덧칠한 경건이 있기 때문입니다. 속으로는 안식일도 어기고 맹세지거리도 하고 음행도 저지르고 다 할지라도, 여러분 중에 이런 죄를 대놓고 저지르는 사람은 거의 없을 것입니다. 여러분은 사람들의 박수갈채를 좋아하기 때문입니다. 그런데도 속에서 악한 마음이 어마어마한 힘으로 솟구칠 때, 들릴라의 무릎에서 일어난 삼손처럼 이 끈도 얼마나 쉽게 끊습니까(삿 16장)! 회심하지 않은 영혼은 아무도 잡아맬 수 없고, 아무도 제어할 수 없습니다. 하고 싶으면 해보십시오. 교육이든, 부모의 권위든, 아내와 아이들의 부드러운 권고든, 술꾼을 잡아매거나 어떤 사람이 주 예수 그리스도를 사랑하게 하려고 무엇이든 써 보십시오. 아무도 그리스도 없는 영혼을 잡아맬 수 없고, 제어할 수 없음을 알게 될 것입니다.

3) 자기 몸을 해칩니다. 이 사람의 다부진 팔과 다리에만 사슬과 고랑 자국이 있었던 것이 아닙니다. 그 몸에도 피 흘린 흉터가 많았습니다. 이 사람은 칼처럼 날카로운 돌을 오른손에 쥐고, 그 날로 검붉은 피가 옆구리에서 철철 흘러내릴 때까지 자신의 보드라운 살결을 마구 그었습니다. 스스로에게 이렇게 잔인하다니, 이상한 광기입니다. 회심

하지 않은 영혼도 모두 마찬가지입니다.

바울도 예수를 믿는 천박한 사람들을 보고 화가 머리끝까지 치밀어 올라 살기를 띠며 주의 제자들을 위협할 때(행 9:1, 공동번역), 돌로 자기 몸을 해치고 있었을 뿐입니다. "사울아 사울아 네가 어찌하여 나를 박해하느냐 가시채를 뒷발질하기가 네게 고생이니라"(행 26:14).

이스라엘도 마찬가지였습니다. "이스라엘아, 네가 네 자신을 망가뜨렸으나 네 도움은 내게 있느니라"(호 13:9, KJV 직역).

예수님에게 죄짓는 영혼도 모두 마찬가지입니다. "나에게 죄를 짓는 자는 자기 영혼을 해하는 자라 누구든지 나를 미워하는 자는 죽음을 좋아하느니라"(잠 8:36, KJV).

거듭나지 않은 사람이 돌로 자기 자신을 해하는 길은 두 가지입니다.

① 죄를 지음으로. 여러분이 죄를 하나 지을 때마다 여러분의 영혼을 새로 또 때리는 것이나 마찬가지입니다. 여러분 중에 어떤 사람이 지옥으로 끌려가 한 시간 동안 있었다면, 거기 있는 모든 사람이 자기가 행한 그대로 대갚음받는 것을 봤을 것입니다. 모든 사람이 무한한 죄를 지었고, 그래서 모든 사람이 무한한 고통을 받습니다. 그런데

도 다른 사람보다 더 큰 고통을 받는 사람이 있습니다. 모두에게 결코 죽지 않는 구더기가 있지만, 영혼을 파리하게 하는 이빨 자국이 더 깊게 난 사람이 있습니다. 모두가 결코 꺼지지 않는 불길을 느끼지만, 이들을 영원토록 덮치는 이 암울한 못의 물결이 더 깊은 사람이 있습니다. 죄마다 그 죄에 딸린 고통의 양이 있을 것입니다. 그러니까 여러분이 죄를 지을 때마다, 여러분은 자신을 망가뜨리고 있는 것입니다. 여러분 입에서 맹세지거리가 한 번 나올 때마다 여러분의 영혼은 영원에서 한 번 더 찔릴 것입니다. 여러분 눈에서 정욕의 불길이 한 번 타오를 때마다 여러분의 죄책 있는 영혼은 영원에서 한 번 더 채찍질 당할 것입니다. 하나님이 의로우시고 참되시다면, 지은 죄마다 그 죄에 걸맞은 진노의 무게를 고스란히 감당해야 할 것입니다.

② 그리스도를 업신여김으로. "나에게 죄를 짓는 자는 자기 영혼을 해하는 자라." 거듭나지 않은 사람이 그리스도를 보고 업신여길 때마다, 이 사람은 자기 영혼을 해하는 것입니다. 그리스도 안에는 여러분 중에 가장 사악한 사람이라도 용서받는 길이 있습니다. 그리스도를 얻는 사람은 생명을 얻고 여호와께 은총을 얻을 것입니다(잠 8:35).

하지만 이 샘을 외면한다면, 자신을 망가뜨리는 것밖에 더 되겠습니까? 돌로 자신을 해칠 뿐이고, 자기 영혼을 해할 뿐입니다.

2. 마귀의 힘과 꾀

1) 이 사람을 완전히 사로잡습니다. "더러운 귀신 들린 사람이"(2절). "네 이름이 무엇이냐"(9절)? 이 사람은 대답합니다. "군대니 이는 우리가 많음이니이다." 마귀와 그 졸개들에 대해 성경이 담고 있는 바는 뚜렷합니다. 성경이 참되다면, 귀신은 있습니다. 주 예수님이 이 세상에 발을 디디셨을 때, 사탄이 자기 군대를 전쟁터로 죄다 불러 모은 것이 틀림없습니다. 나폴레옹이 며칠날 어디를 치자 해서 동쪽과 서쪽에서 군사들을 끌어다가 어느 한 요새로 자기 병력을 모으곤 했듯이, 가장 술책이 뛰어난 장군인 사탄도 예수님이 일하고 계신 곳을 덮치려고 자기 군대를 불러 모읍니다.

우리 주님이 시험을 받으실 때도 그랬습니다. 사탄은 자기 졸개들 가운데 누구에게도 시키지 않고 자기 혼자 이 대담한 일을 떠맡았습니다. 막달라 마리아의 경우도 마찬가지였습니다. 아마 지옥에 이런 소문이 떠돌았을 것입니다. '마리아가 하나님의 자녀가 되려고 한다. 영광의 상속자가 되려고 한다.' 그러자 바로 일곱 귀신을 보내서 마리아의 영혼을 사로잡고, 집과 그 소유를 차지했습니다(눅 11:21). 이 가엾고 불쌍한 사람의 경우도 마찬가지였습니다. 사탄은 구주가 호수를 건너오시는 것을 본 것이 틀림없습니다. 그리고 호숫가에 내리신 것을 보자, 이 불행한 가슴을 수많은 악귀들로 가득 채웠습니다. "내 이름은 군대니 이는 우리가 많음이니이다."

지금도 마찬가지입니다. 사탄의 사슬이 짧아졌지만, 사탄은 여러분 중에 얼마나 많은 사람의 마음을 어둡게 해서 그리스도의 영광스러운 복음의 빛이 비치지 못하게 합니까(고후 4:4)? 얼마나 많은 사람의 마음에 들어가서 사랑스러운 주 예수님을 입맞춤으로 팔아넘기게 만듭니까? 네. 회심하지 않은 여러분, 귀신이 있다는 제 말을 여러분이 증명하고 있습니다!

하나님의 말씀을 손에 들고 서서 귀신은 없다고 증명하려는 가엾고 눈먼 사람, 이런 사람이 바로 사탄의 능력을 증명하는 가장 뚜렷한 증거입니다. 하나님이 한 영혼을 회심하게 하려고 하실 때마다, 사탄은 그 오른편에 서서 이 영혼을 고발합니다(슥 3:1, 현대인의 성경). 각성의 때는 언제나 사탄이 크게 역사하는 때입니다. 회심하는 가슴마다 보이지 않는 갈등이 숱하게 빚어집니다.

2) 이 사람이 예수님을 싫어하게 합니다. "나와 당신이 무슨 상관이 있나이까 원하건대 하나님 앞에 맹세하고 나를 괴롭히지 마옵소서."

예수님은 이 불쌍한 영혼과 모든 면에서 상관이 있으셨습니다. 예수님은 창세전부터 이 영혼을 사랑하셨습니다. 세상이 있기 전에 이 영혼을 아버지께 받으셨고, 영원 전부터 이 영혼을 마음에 품으셨습니다. 그리고 머지않아 이 영혼의 죄를 몸소 담당하실 계획이었습니다. 그리스도는 이 영혼을 찾으러 오신 목자였습니다. 이 영혼을 고치러 오신 의사였고, 이 영혼을 불에서 꺼내러 오신 구주였습니다. 그런데도 이 가엾은 사람은 이렇게 외칩니다. "나를 괴롭히지 마옵소서!"

아, 사탄아, 사탄아, 나는 이 말씀을 읽을 때마다 두렵다. 네가 얼마나 거짓말을 잘 하는지, 네 속이는 재주가 참 놀랍구나. 예수님이 성경으로 여러분을 찾아오시고, 사신을 보내시고 죄를 깨우치심으로 여러분을 찾아오실 때, 여러분 중에 이같이 말한 사람 없습니까? "나와 당신이 무슨 상관이 있나이까 나를 괴롭히지 마옵소서" 하고 외친 사람 없습니까? 제가 며칠 전에 어느 집에 찾아갔는데, 문이 잠겨 있었습니다. 이것이 무슨 뜻입니까? "나 좀 괴롭히지 마세요. 나 좀 괴롭히지 마세요." 아, 사탄은 여전히 강력합니다!

3) 마을 전체가 일어나 그리스도를 맞서게 합니다(12-13, 17절). "이에 간구하여 이르되 우리를 돼지에게로 보내어 들어가게 하소서 하니 허락하신대 더러운 귀신들이 나와서 돼지에게로 들어가매 거의 이천 마리 되는 떼가 바다를 향하여 비탈로 내리달아 바다에서 몰사하거늘."

요새 하나가 점령당할 때, 에워싸인 부대는 더 강한 요새로 후퇴하는 것이 통례입니다. 여기서 사탄도 마찬가지였습니다. 예수님이 강력한 말씀으로 이 가엾은 사람한테서 내쫓기자, 귀신들은 이제 그리스도에 맞서 마을 전체를 지키려고 후퇴합니다. 이들이 돼지들에게 들어가 그 떼가 바다로 내리닫게 한 것은 거라사 사람들 마음속에 세상의 구주를 향한 두려움과 노여움을 일으키려는 전략이었습니다.

그러자 거라사 사람들은 예수님께 그 지방에서 떠나 달라고 간구하기 시작했습니다. 아, 어리석은 거라사 사람들이여, 누가 당신들을 홀렸습니까? 이 가엾고 죄 많은 사람을 구원하신 분이 당신들에게도 보배로운 구주가 되어 주시지 않겠습니까? 이 비참한 피조물의 정신을 온전하게 하신 분이 당신들의 정신도 온전하게 해주시지 않겠습니까? 아, 사탄아, 이것은 네가 한 짓이다. "그들이 예수께 그 지방에서 떠나시기를 간구하더라."

아, 저는 한 영혼이 회심하면 여러분 가슴에도 불이 옮겨붙어 여러분도 예수님을 찾지 않을까, 몇 번이고 생각했습니다. 그런데 아닙니다! 그렇지 않습니다. 여러분은 예수님께 떠나시기를 간구했고, 예수님은 여러분을 떠나셨습니다.

3. 새로운 피조물

누구든지 그리스도 예수 안에 있으면 새로운 피조물입니다. 여기서도 그랬고, 회심한 영혼은 모두 마찬가지입니다. 있는 곳과 입는 옷, 생각과 기도와 삶이 전부 새로워집니다.

1) 있는 곳. "예수의 발치에 앉아 있는"(눅 8:35). 앞서 이 사람은 "나와 당신이 무슨 상관이 있나이까?" 하고 소리쳤습니다. 그런데 이제 세상에서 예수님의 발치만큼 달콤한 곳이 없습니다. 이곳은 마리아가 있던 곳입니다. 마리아는 예수님 발치에 앉아 예수님의 말씀을 들었습니다(눅 10:39). 마찬가지로 이 불쌍한 영혼도 죄 있는 자기 영혼에 평화를 말씀하신 그 목소리를 영원토록 들을 수 있었습니다.

아, 친구 여러분, 예수님 발치에 앉아 예수님 말씀을 듣는다는 것이 무엇인지 아십니까? 아, 교만하던 죄인이 낮아져 예수님 발치에 앉게 되는 것보다 이 세상에 더 놀라운 광경은 없습니다. 사랑하는 영혼이여, 여러분이 정말 구원받았다면, 예수님 발치에 앉아 있을 것입니다. 구원받은 영혼에게 예수님의 발치와 같은 곳은 없습니다. 말하자면 이제 여러분은 다른 어떤 존재도 눈에 들어오지 않을 것이고, 한때 십자가에 못 박히신 보이지 않으시는 예수님의 발치에 앉아 있을 것입니다.

2) 입은 옷. 앞서 이 사람은 옷을 벗고 있었지만, 이제는 입고 있습니다. 더는 벌거벗은 야만인이 아니라, 점잖게 옷을 차려입고 예수님 발치에 앉은 사람다운 사람입니다.

사탄에게 사로잡힌 데서 속량을 받은 죄인도 마찬가지입니다. 여러분은 더는 벌거벗지 않고 구원의 옷, 의의 겉옷을 입습니다(사 61:10, 개역한글판).

3) 제정신이 돌아옴. 앞서 이 사람은 무덤 사이에서 살았습니다. 제정신이 아니었습니다. 그 눈에서 광란의 사나운 불빛이 비쳤고, 이상한 행동은 광기를 보여 주었습니다. 마을 사람 중에 누구도 이 사람을 가까이하지 않았을 것입니다. 그런데 이제 눈빛이 차분해졌고, 마음이 가라앉았습니다. 은혜로운 입술은 사랑만을 말하고, 가슴은 자기를 건지신 분의 얼굴을 우러러볼 때 살며시 부풀어 오릅니다. 아, 이제 사나운 광기가 사라지고 제정신이 돌아와 평온한 영혼이 되었습니다.

예수님을 믿는 영혼도 마찬가지입니다. 여러분이 그리스도를 멀리하고 하나님을 멀리한다면, 여러분은 제정신이 아닙니다. 용서받지 못한 채로 행복해한다면, 정신에 문제가 있는 것입니다. 아, 물론 마귀는 여러분을 꼬드겨 우리가 제정신이 아니라고 생각하게 만들 것입니다. 유대인 중에 많은 사람이 예수님을 보고 이렇게 말했습니다. "그가 귀신 들려 미쳤거늘 어찌하여 그 말을 듣느냐"(요

10:20). 여러분도 틀림없이 우리를 보고 똑같이 말할 것입니다. 그런데 사실은 정반대입니다. 여러분입니다. 여러분이 제정신이 아닙니다.

여러분이 영원에서 한 시간을 있었다면, 거기서 잃어버린 자의 비참과 구원받은 자의 복락을 단 한 시간이라도 봤다면, 지금처럼 살지 못할 것입니다. 그러나 예수님께로 피한 사람은 이제 모든 것을 하나님이 보시는 대로 참되게 봅니다. 죄를 참되게 보고, 그리스도를 참되게 봅니다. 영원을 있는 그대로 봅니다. 믿지 않는 세상의 비난을 끈기 있게 참아 내십시오. 그리고 여러분이 제정신임을 기억하십시오. 여러분은 한때 눈이 멀었지만, 이제는 봅니다.

—

3

열려라!

—

3. 열려라!²

예수께서 다시 두로 지방에서 나와 시돈을 지나고 데가볼리 지방을 통과하여 갈릴리 호수에 이르시매 사람들이 귀 먹고 말 더듬는 자를 데리고 예수께 나아와 안수하여 주시기를 간구하거늘 예수께서 그 사람을 따로 데리고 무리를 떠나사 손가락을 그의 양 귀에 넣고 침을 뱉어 그의 혀에 손을 대시며 하늘을 우러러 탄식하시며 그에게 이르시되 에바다 하시니 이는 열리라는 뜻이라 그의 귀가 열리고 혀가 맺힌 것이 곧 풀려 말이 분명하여졌더라 예수께서 그들에게 경고하사 아무에게도 이르지 말라 하시되 경고하실수록 그들이 더욱 널리 전파하니 사람들이 심히 놀라 이르되 그가 모든 것을 잘하였도다 못 듣는 사람도 듣게 하고 말 못하는 사람도 말하게 한다 하니라(막 7:31-37).

---

2 1837년 12월 3일, 던디에 있는 성 베드로 교회에서 한 설교.

우리는 귀 먹은 벙어리가 이렇게 고침을 받는 데서 예수님이 불쌍한 죄인을 어떻게 구원하시는지 볼 수 있습니다. 회심하지 않은 영혼은 귀머거리요, 벙어리입니다.

1. 회심하지 않은 영혼은 귀머거리입니다

1) 하나님이 노여워하시는 소리를 듣지 못합니다. 어떤 사람이 자기 머리 위에서 천둥이 아주 요란스럽게 치는데도 아랑곳하지 않는다면, 여러분은 '저 사람이 귀가 먹어서 못 듣는가 보다' 할 것입니다. 또 어떤 사람이 밑에서 성난 물결이 철썩거리는데도 아랑곳하지 않고 자꾸 낭떠러지로 걸어간다면, 여러분은 '저 사람이 귀가 먹어서 못 듣는가 보다' 할 것입니다. 이것이 바로 회심하지 않은 영혼의 처지입니다.

하나님이 노하셔서 머리 위에서 천둥이 꽈르릉대고, 벌써 심판을 받았는데도, 이들은 아랑곳하지 않습니다. 이 천둥이 아무리 크고 무섭게 쳐도 걱정하지 않습니다. 귀가 있어도 듣지 못합니다. 이들은 영원한 멸망을 코앞에 두고도 자꾸 걸어갑니다. 하나님이 노하셔서 밑에서 물결이 철썩거리며 일렁이는데도 아랑곳하지 않고 자꾸 걸어갑니다. 귀머거리라 그렇습니다.

2) 구주의 목소리를 듣지 못합니다. 어떤 사람이 폭풍 속으로 걸어가고 있고, 여러분은 안전한 피신처에서 문을 열고 이리로 들어오라고 소리칩니다. 그런데도 이 사람이 그냥 폭풍 속으로 걸어 들어간다면, 여러분은 '저 사람이 귀가 먹었나 보다' 할 것입니다. 회심하지 않은 영혼도 마찬가지입니다. 예수님은 "견고한 망대"(시 61:3)시고, 모든 지친 죄인에게 '이리로 들어오라. 누구든지 원하는 자는 오라'고 소리치십니다. 그런데도 죄인들은 들어오려 하지 않습니다. 귀머거리라 그렇습니다.

그리스도는 자신의 사랑에 대해 말씀하십니다. 자신이 잃어버린 자들을 어떻게 사랑했고, 어떻게 멸하지 않고 구원하러 왔는지 말씀하십니다(눅 9:56, KJV). 이들은 이 가락을 들을 귀가 없습니다. 귀머거리라 듣지 못합니다. 그리스도는 자신의 피에 대해 말씀하십니다. 이 피가 얼마나 보배로운지, 죄를 어떻게 없애는지 말씀하십니다. 죄가 주홍 같을지라도, 눈과 같이 희어질 것이라 말씀하십니다(사 1:18). 죄인들은 이 소리를 들으려 하지 않습니다. 귀 기울이지 않고, 듣지 않습니다.

그리스도는 자신의 성령에 대해 말씀하십니다. 성령이 자신을 붙드는 사람의 마음을 어떻게 바꾸시는지, 세상을 어떻게 이기게 하시는지 말씀하십니다. 죄인들은 이 모든 것에 관심이 없습니다. 귀가 있어도 듣지 못합니다. 귀가 먹었습니다. 아, 이것이 바로 모든 귀먹음의 비밀입니다. 아, 정말 슬픕니다! 지금 제게 귀 기울이고 있는 사람 중에 귀머거리가 얼마나 많은지요! 아, 형제 여러분, 들리는 귀를 달라고 기도하십시오.

2. 회심하지 않은 영혼은 벙어리입니다

말을 더듬거립니다.

1) 기도하지 않습니다. 이들 가운데 많은 사람이 기도하려는 노력조차 하지 않습니다. 말은 하지만, 하나님께는 말하지 않습니다. 하나님과 이야기를 나누거나, 하나님을 가까이하지 않습니다. 온 우주에 하나님밖에 없다면, 회심하지 않은 사람은 결코 하나님을 성가시게 하지 않을 것입니다. 벙어리라 그렇습니다.

2) 찬송하지 않습니다. 이들은 먹을 것을 놓고 감사 기도를 올리지 않습니다. 그래서 복되지 못한 식사를 합니다.

이들은 하나님이 자기네 영혼을 위해 자기네가 기뻐할 어떤 일도 행하신 것을 못 느낍니다(시 126:3). 그래서 도무지 무릎을 꿇고 하나님을 찬송할 생각을 하지 않습니다. 시편을 노래하지 않습니다. 겉으로 가락을 따라 부를지 모르나, 마음은 노래하지 않습니다. 벙어리라 그렇습니다.

3) 그리스도를 위해 말하지 않습니다. 회심하지 않은 사람은 하고많은 말을 할지라도, 그리스도를 위해서는 한마디도 하지 않습니다. 그리스도를 모르는 사람들에게, 멸망으로 가는 불쌍한 영혼들에게 그리스도를 소개하지 않습니다. 예수라는 이름을 입술로 표현할 줄 모릅니다. 이 사람 저 사람에게 예수님을 즐겨 말하지 않습니다. 다른 것은 목청 높여 말하지만, 예수님을 이야기할 때는 벙어리입니다. 단 한 마디도 예수님을 칭송하지 않습니다.

아, 교회 안에 이런 사람들이 있다는 것은 정말 슬픈 일입니다! "벙어리 개들이라 짖지 못하며"(사 56:10). 제 설교를 듣는 사람들 중에 자기가 늘 벙어리였다는 사실을 아는 사람이 있지 않습니까? 자기가 기도한 적 없고, 어떤 일로도 하나님을 진심으로 찬송한 적 없는 줄 아는 사람이 있지 않습니까? 때로는 거칠게, 때로는 상냥하게 수없이 많은 말을 했지만, 그리스도를 위해서는 한마디도 하지 않은 사람이 있지 않습니까? 아, 오늘 깨어서 여러분의 딱한 처지, 곧 귀 먹고 말 못하며, 눈멀고 멸망하는 처지를 보고 슬퍼하십시오.

3. 치료

1) 예수님께 왔습니다. 재미있는 사실은 이 귀 먹고 말 더듬는 사람은 부족한 것을 못 느꼈고, 치료받기를 구하지 않았다는 것입니다. 이 사람은 아무런 결핍도 못 느꼈습니다. 예수님의 능력을 몰랐고, 관심도 없었습니다. 이 사람은 도와달라고 손짓하지 않았지만, 마음씨 좋은 친구들이 이 사람을 예수님께 데리고 와서 안수해 주시기를 부탁드렸습니다. 회심하지 않은 영혼도 마찬가지입니다. 이들은 부족한 것을 못 느끼고, 치료받기를 구하지 않습니다. 예수님의 능력과 사랑을 듣는 데 관심이 없습니다. 왜 그렇습니까? "나는 부자라 부요하여 부족한 것이 없다"(계 3:17)고 하기 때문입니다. 아, 이것은 세상이 왜 이렇게 듣는 데 관심이 없고 냉담한지 설명해 줍니다. 예수님의 도움이 필요하다고 신호를 보내지 않는 사람이 얼마나 많습니까? 구

주의 도움을 바라는 기대하는 눈빛도, 한숨 내쉼도 없습니다. 그런데 친구들이 그에게 안수해 달라고 예수님께 간구합니다.

그리스도인 친구 여러분, 여기서 여러분의 친구를 위해 예수님께 간구하는 법을 배우십시오. 아, 이 일을 하는 데 지치지 마십시오. 예수님은 여러분이 이같이 이루어 달라고 간구하기를 바라십니다(겔 36:37). 친구를 마음속에 품고 예수님께 데려가십시오. 언젠가 네 사람이 중풍병자 하나를 침상에 메고 왔습니다. 여러분도 그렇게 하십시오.

회심하지 않은 친구 여러분, 여기서 기도하는 친구가 있다는 것이 얼마나 좋은 일인지 배우십시오. 사람들은 성자같이 훌륭한 사람과 친분 있는 친구가 있다는 것을 아주 좋게 생각하는데, 이런 친구가 필요할 때 자기 대신 도움을 요청해 줄 수 있기 때문입니다. 아, 하물며 예수님께 간구할 수 있는 친구가 있다는 것은 얼마나 더 좋은 일입니까! 이런 친구를 구하십시오. 이런 친구를 잃지 마십시오. 위급한 때를 위하여 난 형제가 있습니다(잠 17:17).

2) 예수님은 이 사람을 무리에게서 따로 데리고 나오셨습니다. 예수님은 이 사람을 무리들 한가운데서 고칠 수

있었지만, 그렇게 하지 않으셨습니다. 언젠가 소경의 손을 붙잡고 마을 밖으로 데리고 나가셨던 것처럼(막 8:23), 여기서도 귀먹은 사람을 무리에게서 따로 데리고 나와 아무도 없는 데로 가셨습니다. 마찬가지로 그리스도께서 한 영혼에게서 은혜의 일을 시작하실 때도 이 영혼을 무리에게서 따로 데리고 나오십니다.

① 예수님은 때때로 그 섭리로 영혼을 따로 데리고 나와 외롭게 하십니다. 나쁜 친구들과 어울려 신나게 웃고 떠들 때는 예수님의 작고 조용한 목소리를 들을 수 없습니다. 예수님의 말씀은 정치 논쟁으로 삐걱대는 소리에, 흥청망청 먹고 마시며 터뜨리는 경박한 웃음소리에 쉽게 묻힙니다. 그래서 예수님은 한 영혼에게 자비로 찾아오실 때, 이 영혼을 무리에게서 따로 데리고 나오십니다. 외롭고 우울한 병실로 데려가시거나, 아니면 죽음의 손길을 뻗으십니다. 사랑하는 사람과 친구를 멀리 떠나게 하시고, 아는 사람을 흑암에 두십니다(시 88:18). 사별한 영혼은 말없이 홀로 앉아 있습니다.

이 세상은 부산한 경매장 같습니다. 여기저기 북적이지 않는 데가 없습니다. 팔기 위한 물건이 하나하나 놓이고,

모든 사람의 시선이 고정됩니다. 한 사람이 값을 부르면, 다른 사람이 더 높은 값을 부릅니다. 시끄럽고 부산하고 정신없기 짝이 없습니다. 여러분이 누군가에게 하고 싶은 말이 있으면, 그 사람을 경매장 밖으로 데리고 나가야 합니다. 여러분은 말합니다. "저랑 같이 나가시지요. 드릴 말씀이 있어요." 예수님이 바로 이렇게 하십니다. 회심하지 않은 영혼은 세상이라는 바쁘고 부산한 경매장에서 시달림을 받습니다. 눈은 온통 세상 물건에 고정되어 있고, 값을 부르는 소리만이 그 안을 가득 메우고 있습니다.

그런데 예수님이 몇몇 사람을 "나랑 같이 나가자. 할 말이 있다"고 하시면서 따로 데리고 나오십니다. 그리스도께서 여러분 가운데 몇몇 사람에게 이렇게 하셨습니다. 여러분을 데리고 나오셨습니다. 어떤 사람은 외로운 병실로, 어떤 사람은 죽음의 방으로 이끌려 나왔습니다. 여러분은 그리스도와 단둘이 있었습니다. 자, 여러분에게 여쭤볼 것이 있습니다. 외로움에 허덕이는 여러분에게 그리스도께서 뭐라고 하셨습니까? 여러분은 그리스도께 뭐라고 했습니까? 어떤 왕이 여러분의 집 문을 두드리고 여러분을 한적한 데로 데려가려 한다면, 틀림없이 무언가 놀라운 이야기를 하려고 그럴 것입니다. 자, 그리스도께서 여러분 문 앞에 계셨습니다. 여러분을 무리에게서 따로 데리고 나오셨습니다. 여러분에게 뭐라고 하셨습니까?

②예수님은 은혜로 우리를 따로 데리고 가십니다. 그리스도는 한 영혼을 구원하려고 하실 때 이 영혼을 따로 떼어 놓으십니다. 말하자면, 이 영혼이 자기 혼자 말씀을 듣고 있는 것처럼 느끼게 하십니다. 회심하지 않은 사람은 보통 말씀을 들을 때, '우리 모두에게 하시는 말씀이니까, 다 같이 이 말씀에 귀 기울여야 해!' 합니다. 듣는 사람은 자기 자신보다 '우리'를 먼저 떠올리며, 자신을 군중 속에 파묻습니다. 어떤 죄를 이야기하면, '옆집 누구누구 얘기로구먼' 하면서, 사람들 틈에 숨어 자신을 지킵니다.

그리스도께서 은혜의 일을 시작하실 때, 이 무리에게서 영혼을 따로 데리고 나오십니다. 영혼은 말씀이 전해질 때 자기밖에 없다고 느끼기 시작합니다. '나한테 하시는 말씀이구나' 합니다. 이 영혼은 모든 것에서 책망을 듣고, 판단을 받습니다(고전 14:24, KJV). 마치 사냥을 할 때, 먼저 사슴한 마리를 무리에서 떼어 놓은 다음에 화살을 연달아 쏴서그 몸통을 뚫는 것처럼, 은혜에서도 마찬가지입니다. 하나님은 먼저 영혼을 무리에게서 따로 떼어 내시고, 그런 다음 영혼에 죄를 깨우치시는 화살을 꽂으십니다.

어떤 사람은 무리에게서 따로 떨어져 나온 적이 없습니다. 여러분은 우리가 무슨 말을 하는지 모릅니다. 여러분은 아직도 사람들 속으로 들어가 자신을 숨깁니다. 여러분에게서 은혜의 일은 아직 시작되지 않았습니다. 주께서 화살 몇 발로 여러분을 끄집어내시기를 빕니다. 어떤 사람은 지금 예수님이 따로 데리고 가십니다. 여러분은 우리가 하는 말을 압니다. 그것을 느끼기 때문입니다. 여러분은 여러분 혼자 설교를 듣고 있다고 느낍니다. 다시 사람들 속에 파묻히려 하지 마십시오. 죄를 깨닫게 되었다고 해도, 이것은 세상의 부산함과 시끄러움에 금세 또 묻히기 쉽습니다. 이것을 잃지 않도록 조심하십시오. 사람들의 목소리가 아닌 그리스도의 목소리에 귀 기울이십시오.

3) 예수님은 이 사람에게 그의 처지가 얼마나 딱한지 알려 주십니다. "손가락을 그의 양 귀에 넣고 침을 뱉어 그의 혀에 손을 대시며 하늘을 우러러 탄식하시며." 예수님은 여기서 손짓과 몸짓을 써가며 이 불쌍한 사람의 비참한 처지를 깨우쳐 주셨습니다. 예수님이 이 사람 양쪽 귀에 손

가락을 넣으실 때, 마치 '아이고, 너 귀가 아주 먹었구나. 그래서 기쁜 노랫소리[3]를 못 듣는구나. 네 귀가 열려야 한다'고 말씀하시는 듯 보입니다. 또 이 사람 혀에 손을 대실 때는, 마치 '아이고, 너 혀가 아주 굳었구나. 그래서 말을 못 하는구나. 이 혀가 풀려야 한다'고 말씀하시는 듯 보입니다. 그러고 나서 하늘을 우러러 탄식하실 때는, 마치 '아, 아무도 너를 도울 수가 없다. 사람 손에 맡겨지면 너는 망하고 만다. 하늘만이 너를 도울 수 있다'고 말씀하시는 듯 보입니다.

① 여기서 예수님이 육신의 고통을 받는 사람들을 불쌍히 여기신다는 것을 배우십시오. 예수님은 이들을 보시고 많은 눈물과 한숨을 지으십니다. 예수님은 하늘을 우러러 탄식하셨습니다. 예수님은 아프고 병들고 다리 저는 사람들을 보시고 불쌍히 여기지 않으신 적이 없습니다. 이 사람들이 간청할 때마다 이들을 모두 고쳐 주셨습니다. 아픈 사람이 예수님께 와서 온전하게 되지 않은 일이 성경에는 한 번도 나오지 않습니다. 그리스도인 여러분, 여기서 그리스도를 닮으십시오. 육신의 고통을 받는 사람들을 진심

---

3 사 51:3, 새번역.

으로 불쌍히 여기십시오. 여러분은 고칠 수 없지만, 고칠 돈을 대줄 수는 있습니다. 여러분이 그리스도와 닮았다는 것을 지금 보여 주십시오. 아, 우리가 그리스도와 닮은 것을 보여 줄 기회가 있다니, 이 얼마나 행복한 일입니까!

② 여기서 그리스도께서 영혼에게 죄를 어떻게 깨우쳐 주시는지 배우십시오. 그리스도는 이 사람의 먹은 귀와 굳은 혀를 가리키시고, 하늘을 우러러 탄식하십니다. 그리스도께서 여러분에게도 이렇게 하셨습니까? 여러분이 귀머거리고 벙어리라는 것을 깨우쳐 주셨습니까? 여러분이 가난하고 눈멀고 헐벗은 것을 깨우쳐 주셨습니까? 여러분의 도움이 하늘에서만 올 수 있다는 것을 깨우쳐 주셨습니까? 여러분, 그리스도께서 여러분을 보고 탄식하신다는 것을 깨달으셨습니까?

③ 여기서 여러분의 처지가 얼마나 비참한지 보십시오. 그리스도는 여러분의 상태 전체를 보십니다. 여러분의 죄가 얼마나 큰지, 여러분의 마음이 얼마나 부패했는지 아시고 탄식하십니다. 여러분은 여러분의 실상을 조금밖에 모릅니다. 그리스도는 전부 다 보시고 탄식하십니다. 이것은 여러분의 상태가 아주 나쁘다는 뜻입니다. 실력 있는 의

사가 환자를 보고 슬픈 기색을 띠며 고개를 가로젓는다면, 이것은 환자의 상태가 나쁘다는 신호입니다. 여러분도 마찬가지입니다. 예수님은 두 세계, 곧 천국과 지옥을 모두 보시고, 여러분을 보고 탄식하십니다. 이것이 그리스도의 가슴속에서 나오는 탄식이라는 것을 명심하십시오.

④ 그러나 이것은 그리스도께서 기꺼이 여러분의 구주가 되어 주시겠다는 것을 보여 줍니다. 그리스도는 여러분을 불쌍히 여기십니다. 여러분의 구주가 되기를 바라십니다. 예수님의 이름에서 아무 가락도 듣지 못한 여러분, 예수님의 영광을 한 번도 이야기한 적 없는 여러분, 여러분은 그리스도께서 여러분에게 늘 복수만 하신다고 생각합니다. 여기를 보십시오! 그분은 늘 탄식하십니다. 여러분을 보고 한탄하십니다. '아, 네가 내 명령에 주의했더라면, 네 평강이 강과 같고 네 공의가 바다 물결 같았을 것이다. 암탉이 그 새끼를 모으려 한 것처럼 내가 너희를 몇 번이나 모으려 했느냐? 그런데 너희가 원하지 않았다(사 48:18; 마 23:37)!' 아, 지친 영혼이여, 탄식하시는 구주를 보십시오. 그분은 여러분의 구주와 주가 되기를 마음 깊이 바라십니다.

4) 예수님은 이 사람을 말씀으로 고치셨습니다. "그에게 이르시되 에바다 하시니 이는 열리라는 뜻이라 그의 귀가 열리고 혀가 맺힌 것이 곧 풀려 말이 분명하여졌더라!" 예수님은 얼마나 단순하게 말씀하십니까? 그러자 이루어졌습니다. "빛이 있으라"(창 1:3) 하신 것도 예수님 목소리였고, 빛이 있었습니다. 여기서도 '에바다, 열려라' 하시니까, 그대로 이루어졌습니다. 이것은 영혼에게도 마찬가지입니다. 그리스도께서는 한 영혼을 따로 데리고 나오셔서 그의 죄를 깨우쳐 주십니다. 이 영혼은 크게 근심할지 모르지만, 귀도 눈도 마음도 다 꽉 닫혀 있습니다. 귀는 구주의 기쁜 소식에 닫혀 있습니다. 그래서 이 소식을 귀에 담지 못합니다. 눈은 그리스도의 아름다움에 닫혀 있습니다. 그래서 믿음으로 하나님의 어린양을 바라보지 못합니다. 마음은 예수님의 뛰어나심에 닫혀 있습니다. 그래서 예수님을 부둥켜안지 못합니다.

예수님이 아무리 문을 두드리고 열라고 재촉하셔도 마음 문은 여전히 굳게 닫혀 있습니다. 아, 그런데 그리스도께서 '에바다, 열려라' 하실 때, 놀라운 일이 벌어집니다! 귀가 열립니다. 그래서 예수님이 다 이루신 일에 대한 진리를 영원토록 들을 수 있습니다. 눈이 열립니다. 그래서 전체가 사랑스러우신 구주를 영원토록 바라볼 수 있습니다. 마음이 열립니다. 그래서 그리스도를 부둥켜안고, 그분을 영혼의 보증인으로, 대속물로, 의로, 분깃으로 받아들입니다.

① 구원이 얼마나 단순한 것인지 배우십시오. 구원은 예수님께 귀와 눈과 마음이 열리는 것입니다. 아, 여러분은 너무 똑똑합니다. 예수님은 이것을 지혜롭고 슬기 있는 자들에게 숨기시고 어린아이들에게 나타내십니다(마 11:25). "우리가 어떻게 하여야 하나님의 일을 하오리이까……하나님께서 보내신 이를 믿는 것이 하나님의 일이니라"(요 6:28-29).

② 그리스도만이 여러분을 평강으로 이끄실 수 있다는 것을 배우십시오. 그리스도의 목소리만이 "에바다" 할 수 있습니다. 우리가 여러분의 눈을 열고, 귀를 열려고 아무리 애를 써도, 그리스도께서 자신의 성령으로 "에바다" 하시지 않는다면, 우리가 하는 일이 얼마나 부질없습니까! 여러분, 이를 위해 그리스도를 기다려야 한다는 사실을 잊지 마십시오. "여호와여 주께 구하오니 내 영혼을 건지소

서"(시 116:4).

4. 친구들의 반응

"사람들이 심히 놀라 이르되 그가 모든 것을 잘하였도다 못 듣는 사람도 듣게 하고 말 못하는 사람도 말하게 한다 하니라." 그리스도께서 영혼을 회심하게 하실 때도 마찬가지입니다.

1) 사람들이 놀랍니다. ① 세상이 놀랍니다. 옛 친구들이 무슨 일인가 하고 놀랍니다. 여러분 중에 이렇게 놀라고도 여전히 회심하지 않은 사람 없습니까? 아, 다른 나무들이 불에서 꺼냄을 받는 것을 보고도 여전히 불 속에 남아 있는 것은 참 슬픈 일입니다(슥 3:2).

② 기도하는 친구가 놀랍니다. 네, 한 영혼이 구원받을 때 그리스도인들조차 놀랍니다. 이것은 놀라운 일이요, 은혜의 일입니다. 아, 이런 일을 하시는 그리스도의 손길을 보고 누가 놀라지 않겠습니까? 누가 흠모하지 않겠습니까?

2) 사람들은 "그가 모든 것을 잘하였도다"고 했습니다. 이들은 모든 영광을 그리스도께 돌립니다. 우리도 그래야 합니다. 아, 친구 여러분, 우리 가운데서 어떤 은혜의 일이

행해지고, 어떤 영혼이 구원을 받을 때, 찬송을 받으실 분은 오직 그리스도뿐이시라는 것이 제 눈에는 너무 뚜렷합니다. 우리는 사람을 의존하려는 마음을 전부 내려놓고, 홀로 모든 영광을 받기에 합당하신 그분께 모든 영광을 돌려야 합니다. 그리스도께서 여러분 가운데 누군가를 구원하셨나요? 와서 다 함께 그분을 찬송하며 "그가 모든 것을 잘하였도다"고 말합시다.

한 말씀 더 드리겠습니다. 그리스도의 손길에 굴복하는 법을 배우십시오. 우리는 자꾸 왜 더 많은 영혼을 구원하지 않으시냐며 툴툴댑니다. 왜 이 영혼을 깨우지 않고, 저 영혼을 위로하지 않으시냐고 툴툴댑니다. 자, 이것은 잘못된 일입니다. 그분은 모든 것을 잘하실 것입니다. 이 일을 그리스도의 손에 더욱 맡기십시오. 그분이 하시는 일을 믿으십시오. 이 세상이 다 불타고 우리가 그리스도와 복된 천사들과 함께 영광 가운데 서게 될 때, 우리는 틀림없이 우리 면류관을 예수님 발 앞에 내려놓고 "그가 모든 것을 잘하였도다"고 고백할 것입니다. 이 사실을 굳게 믿으십시오.

4

앞날의 영원한 형벌

4. 앞날의 영원한 형벌[4]

거기에서는 구더기도 죽지 않고 불도 꺼지지 아니하느니
라(막 9:48).

성경에서 누가 지옥을 이야기하는지 들여다보는 것은 아
주 흥미로운 일입니다. 자, 어떤 사람은 지옥을 이야기하
는 것이 복음을 전하는 일이 아니라고 생각합니다. 또 어
떤 사람은 평범한 사람은 지옥을 이야기할 자격이 없다고
생각합니다. 자, 지옥을 이야기하는 것이 복음 설교가 아
니라고 생각하시는 분들에게, 저는 그것이 진리이고 하나
님의 말씀이라고 말씀드리겠습니다. 지옥을 이야기하는
것이 옳지 않다고 하시는 분들에게, 저는 누가 지옥을 가

---

4   1842년 7월 15일 주일에 한 설교.

장 많이 이야기하는지 보여 드리겠습니다.

1. 성경에서 누가 지옥을 이야기하는지 생각해 봅시다

제가 처음으로 언급할 사람은 다윗입니다. 다윗은 하나님 마음에 맞는 사람이었지만(행 13:22), 지옥을 이야기합니다. 다윗은 시편의 여러 편을 쓴 "이스라엘의 아름다운 시인"(삼하 23:1, 한글 킹제임스판)이었고, 사람과 하나님을 사랑하는 마음이 가득한 사람이었습니다. 그런데도 지옥을 이야기합니다. 다윗이 뭐라고 하는지 들어 보십시오. "음부의 줄이 나를 두르고"(시 18:5, 개역한글판). "사망의 줄이 나를 두르고 음부의 고통이 내게 미치므로"(시 116:3, 개역한글판). 그리고 다윗의 구원에 대해 들어 보십시오. "내 영혼을 깊은 음부에서 건지셨음이니이다"(시 86:13, 개역한글판). 다윗은 또 그리스도를 받아들이지 않을 불경건한 사람의 운명을 이렇게 이야기합니다. "악인이 음부로 돌아감이여 하나님을 잊어버린 모든 열방이 그리하리로다"(시 9:17, 개역한글판). "악인에게 그물을 던지시리니 불과 유황과 태우는 바람이 그들의 잔의 소득이 되리로다"(시 11:6). "사망이 홀연히 저희에게 임하여 산채로 음부에 내려갈찌어다"(시

55:15, 개역한글판). 자, 지옥을 이야기하는 것이 마땅한가를 두고 여러분이 어떻게 생각하든지, 다윗은 이것이 잘못되었다고 생각하지 않았습니다. 지옥을 가지고 노래했기 때문입니다.

다음으로 언급할 사람은 바울입니다. 바울은 그리스도의 사랑으로 충만했고, 죄인들을 크게 사랑했습니다. 하나님이 예수님을 사랑한 그 사랑이 틀림없이 바울 안에 있었습니다. 바울은 원수를 사랑했습니다. 바울이 아그립바 왕 앞에 섰을 때 그 마음이 어땠는지 눈여겨보십시오. "말이 적으나 많으나 당신뿐만 아니라 오늘 내 말을 듣는 모든 사람도 다 이렇게 결박된 것 외에는 나와 같이 되기를 하나님께 원하나이다"(행 26:29). 바울은 이들이 자신과 같이 사랑과 기쁨과 평강을 맛보고, 영광을 소망하기를 바랐습니다. 자, 바울은 지옥이라는 말을 한 번도 입에 담지 않습니다. 이 말이 입에 담기에도 끔찍했던 모양입니다. 그런데도 바울이 뭐라고 하는지 들어 보십시오.

만일 하나님이 그의 진노를 보이시고 그의 능력을 알게 하고자 하사 멸하기로 준비된 진노의 그릇을 오래 참으심으로 관용하시고(롬 9:22).

내가 여러 번 너희에게 말하였거니와 이제도 눈물을 흘리
며 말하노니 여러 사람들이 그리스도의 십자가의 원수로
행하느니라 그들의 마침은 멸망이요(빌 3:18-19).

그들이 평안하다, 안전하다 할 그때에……멸망이 갑자기
그들에게 이르리니 결코 피하지 못하리라(살전 5:3).

환난을 받는 너희에게는 우리와 함께 안식으로 갚으시는
것이 하나님의 공의시니 주 예수께서 자기의 능력의 천사
들과 함께 하늘로부터 불꽃 가운데에 나타나실 때에 하나
님을 모르는 자들과 우리 주 예수의 복음에 복종하지 않는
자들에게 형벌을 내리시리니 이런 자들은 주의 얼굴과 그
의 힘의 영광을 떠나 영원한 멸망의 형벌을 받으리로다(살
후 1:7-9).

형제 여러분, 이것은 그 마음속에 사랑이 가장 많은 사람
들이 지옥을 가장 많이 이야기한다는 것을 보여 주지 않습

니까?

다음으로 말할 사람은 사랑받은 제자 요한입니다. 요한은 마지막 만찬 때 예수님 품에 기대어 그 품에서 사랑을 끌어냈습니다. 요한은 사랑의 사람이었습니다. 요한서신을 보면, 요한이 얼마나 애정을 듬뿍 담아 편지를 썼는지 알 수 있을 것입니다. 요한은 이들을 "사랑하는 자들아", "아이들아" 하고 부릅니다. 그런데도 지옥을 이야기합니다. 요한은 지옥을 일곱 번이나 "무저갱", 곧 죄인들이 영원토록 빠져들 구덩이라 했고, 또 "하나님의 진노의 큰 포도주 틀"(계 14:19)이라고 했습니다. 하지만 요한은 지옥을 "불못"(계 20:14)이라고도 했습니다. "지옥"이라고도 가끔 했지만, 이것을 "불못"이라고 하는 것은 사랑받은 제자 요한의 자유였습니다.

제가 다음으로 언급할 분은 주 예수님 자신입니다. 예수님은 사랑이신 하나님에게서 오셨고(요일 4:16), 나무를 불에서 꺼내러 오셨지만, 지옥을 말씀하십니다. 예수님의 입은 심히 달콤했고(아 5:16), 그 입술은 몰약 즙이 뚝뚝 떨어지는 백합화 같았습니다(아 5:13). 주 하나님이 학자들의 혀를 주셔서 곤고한 사람을 말로 어떻게 도와줄 줄 알게 해 주셨고(사 50:4), 또 이때까지 예수님처럼 말한 사람도 없었습니다(요 7:46). 그런데도 예수님은 지옥을 말씀하셨습니다. 예수님이 뭐라고 하시는지 들어 보십시오. "미련한 놈이라 하는 자는 지옥 불에 들어가게 되리라"(마 5:22). 그러나 제 생각에 예수님 입에서 나온 가장 끔찍한 말씀은 이것입니다. "뱀들아 독사의 새끼들아 너희가 어떻게 지옥의 판결을 피하겠느냐"(마 23:33)? "저주를 받은 자들아 나를 떠나……영원한 불에 들어가라"(마 25:41). 예수님은 또 자신의 몇몇 비유에서도 지옥을 말씀하십니다. "세상 끝에도 이러하리라 천사들이 와서 의인 중에서 악인을 갈라내어 풀무 불에 던져 넣으리니 거기서 울며 이를 갈리라"(마 13:49-50). 또 예수님은 오늘 본문 말씀을 세 번이나 되풀이해 말씀하십니다.[5] 그리고 마가복음 말씀보다 더 뚜렷한 말씀이 있을 수 있을까요? "믿지 않는 사람은 정죄를 받으리라"(막 16:16).

---

5 개역개정판에는 44절과 46절에 (없음)이라고 나와 있지만, 킹제임스판을 보면, 예수님이 위 본문 말씀과 똑같은 말씀을 되풀이하고 계신 것으로 나온다. 그러니까 막 9:44, 46, 48에서 같은 말씀이 되풀이되고 있다.

2. 사랑하는 형제 여러분, 이들이 지옥을 왜 이렇게 뚜렷하게 이야기 하는지 생각해 봅시다

1) 모두 사실이기 때문입니다. 그리스도는 "충성되고 참된 증인"(계 3:14)이십니다. 한번은 제자들한테 "그렇지 않으면 너희에게 일렀으리라"(요 14:2)고 하셨고, 빌라도한테 "무 릇 진리에 속한 자는 내 음성을 듣느니라"(요 18:37)고 하시 기도 했습니다. 예수님 자신이 "진리"(요 14:6)이십니다. 하 나님은 거짓말을 하실 수 없습니다(히 6:18). 예수님은 땅에 나타나실 때, 사랑으로 오셨고, 죄인들에게 지옥과 지옥에 서 건질 구원자를 이야기하러 오셨습니다. 그런데 어떻게 숨기실 수 있었겠습니까? 예수님은 지옥을 들여다보셨습 니다. 그런데 어떻게 말씀하지 않으실 수 있었겠습니까? 예수님은 충성된 증인이셨습니다. 다윗과 바울과 요한도 마찬가지였습니다. 바울은 자신이 꺼리지 않고 하나님의 뜻을 숨김없이 다 전했다고 했습니다(행 20:20, 27). 자, 바 울이 지옥을 이야기하지 않았다면, 어떻게 이렇게 말할 수 있었을까요? 목사들도 그래야 합니다. 제가 다시는 지옥 을 이야기하지 않는다고 하면, 지옥이 견디기 쉬워질까요? 아, 이것은 사실입니다! 모두 사실입니다! 우리는 지옥을

이야기하지 않을 수 없습니다.

2) 죄인들을 사랑하는 마음이 가득했기 때문입니다. 이들은 우리에게 알랑대지 않은 가장 좋은 친구들입니다. 사랑하는 여러분, 여러분도 알다시피 그리스도의 가슴속에는 흘러넘치는 사랑이 있었습니다. 머리 둘 곳 없으셨던 것도 사랑 때문이었고, 죽으러 오신 것도, 눈물을 흘리며 "예루살렘아 예루살렘아 선지자들을 죽이고 네게 파송된 자들을 돌로 치는 자여 암탉이 그 새끼를 날개 아래에 모음같이 내가 네 자녀를 모으려 한 일이 몇 번이더냐 그러나 너희가 원하지 아니하였도다"(마 23:37) 하신 것도 다 사랑 때문이었습니다. 그리고 같은 자리에서 "너희가 어떻게 지옥의 판결을 피하겠느냐"(마 23:33)고 하셨습니다. 바울도 마찬가지였습니다. "우리는 주의 두려우심을 알므로 사람들을 권면하거니와"(고후 5:11). 바울은 죄인들을 생각하며 눈물을 흘렸습니다. "내가 여러 번 너희에게 말하였거니와 이제도 눈물을 흘리며 말하노니 여러 사람들이 그리스도의 십자가의 원수로 행하느니라"(빌 3:18). 이것을 쓸 때 양피지 위로 눈물이 뚝뚝 떨어졌습니다. 아, 우리가 여러분을 더 많이 사랑했다면, 지옥을 더 많이 이야기했을

것입니다. 지옥에 가야 마땅한 불쌍한 죄인 여러분, 여러분에게 경고하지 않은 사람은 여러분을 사랑하지 않는 사람입니다. 아, 사랑이 경고하게 한다는 사실을 잊지 마십시오!

3) 이들이 지옥을 똑똑히 이야기한 세 번째 까닭은, 살인죄에서 벗어나기 위함이었습니다. 예수님은 여러분의 피를 자신이 덮어쓰지 않기를 바라셨고, 그래서 "풀무 불"(마 13:42)과 '죽지 않는 구더기'를 말씀하셨습니다. 아, 예수님은 말씀하십니다. '내가 너희를 모으려 한 일이 몇 번이냐 그런데 너희가 원하지 않았다'(마 23:37). 하나님은 예수님에게 살인죄를 덮어씌우지 않으셨을 것입니다. 예수님은 말씀하십니다. "주 여호와의 말씀이니라 나의 삶을 두고 맹세하노니 나는 악인이 죽는 것을 기뻐하지 아니하고 악인이 그의 길에서 돌이켜 떠나 사는 것을 기뻐하노라 이스라엘 족속아 돌이키고 돌이키라 너희 악한 길에서 떠나라 어찌 죽고자 하느냐 하셨다"(겔 33:11). 다윗도 마찬가지였습니다. "하나님이여 피 흘린 죄에서 나를 건지소서"(시 51:14). 다윗이 지옥을 그토록 똑똑히 이야기한 까닭은 피 흘린 죄가 무서웠기 때문입니다. 바울도 마찬가지였습니

다. "오늘 여러분에게 증언하거니와 모든 사람의 피에 대하여 내가 깨끗하니"(행 20:26). 목사들도 마찬가지입니다. 우리는 우리 양심에 무죄를 선고해야 합니다. 여러분이 용서받지 못하고 구원받지 못한 채로 심판대 앞에 서게 된다면, 여러분의 피는 여러분의 머리로 돌아갈 것입니다(행 18:6). 어제 들판을 걷는데, 제 설교를 듣는 모든 사람이 곧 심판대 앞에 서고, 천국이나 지옥으로 보냄을 받는 장면이 주체 못할 만큼 제 머릿속을 파고들었습니다. 형제 여러분, 그러니까 저는 여러분에게 경고해야 하고, 지옥을 이야기해야 합니다.

3. 하나님 말씀에서 지옥을 어떤 이름으로 일컫는지 생각해 봅시다

첫 번째는 '불'입니다. 우리 눈높이에 맞추어 땅에 있는 것에서 가져온 이름입니다. 마치 그리스도께서 우리 눈높이에 맞추시려고 "목자"(요 10:11), "문"(요 10:9), "길"(요 14:6), "반석"(고전 10:4), "사과나무"(아 2:3), "사론의 수선화"(아 2:1)와 같은 이름을 취하신 것과 같습니다. 마찬가지로 하나님은 천국을 말씀하실 때도, "낙원"(눅 23:43)이라 하시고, "터가 있는 성"(히 11:10), 황금 길과 진주 문이라 하십니다(계

21:21). 자, 이 이름들 중 하나(어떤 이름이라도)가 천국을 온전히 나타내지 못할 것입니다. 하나님이 자기를 사랑하는 사람들을 위해 예비하신 것은 아무도 눈으로 보지 못하고 귀로 듣지 못하고 마음으로 생각하지 못했기 때문입니다 (고전 2:9). 마찬가지로 하나님이 지옥을 말씀하실 때도, "풀무 불", "무저갱", "멸망"이라고 하십니다. 자, 이 이름들 중 하나로는 부족하고, 이 이름들을 한데 모아야 지옥이 어떤 곳인지 조금이나마 머릿속에 떠올릴 수 있을 것입니다.

1) 지옥을 이르는 첫 번째 이름은 '불'입니다. 시온 산 남쪽에 보면, 포도나무로 덮인 골짜기가 있습니다. 힌놈 골짜기인데, 므낫세가 몰렉에게 바치려고 자기 아들들을 불 가운데로 지나가게 한 곳입니다(왕하 21:6; 대하 33:6). 자, 그리스도께서 "지옥 불"(마 5:22)이라 하실 때, 바로 이곳을 가리켜 말씀하신 것입니다. 그리스도는 또 지옥을 "풀무 불" (마 13:42)이라 이르십니다. 벽이 불이고, 위아래 할 것 없이 사방이 다 불일 것입니다. 또 요한은 "불못"이라고 했는데, 이것은 풀무 불과 비슷한 개념입니다. 이곳은 타오르는 구리 산으로 둘러싸여 있을 것입니다. 그래서 얼굴에 바람 한 점 닿지 않을 것이고, 그 불길은 영원토록 타오를 것입

니다. 이것은 "삼키는 불"입니다. "우리 중에 누가 삼키는 불과 함께 거하겠으며"(사 33:14). 이 말씀을 히브리서 말씀과 견주어 보십시오. "우리 하나님은 소멸하는 불이심이라"(히 12:29). 불은 본래 태워 없애는 것이 그 속성입니다. 지옥 불도 마찬가지입니다. 그러나 저주받은 자들은 결코 그 존재가 멸절하지 않을 것입니다. 아, 이것은 결코 꺼지지 않는 불입니다. 활활 타오르는 화산도 언젠가 꺼질 것입니다. 지금 포근하게 내리쬐는 태양도 언젠가 꺼질 것입니다. 물질을 다 태우면 불 자체도 꺼질 것입니다. 하지만 지옥 불은 결코 꺼지지 않습니다.

2) 하나님 말씀에서 지옥을 이르는 또 다른 이름은 '감옥'입니다. 우리는 홍수 때 멸망한 무리가 이 옥에 갇혀 있다고 배웁니다(벧전 3:19-20). 아, 죄인 여러분, 여러분이 이 안에 갇히면, "한 푼이라도 남김이 없이 다 갚기 전에는 결코 거기서 나오지 못"(마 5:26)할 것입니다. 절대로 못 나올 것입니다. 하나님의 공의와 거룩하심이 빗장이기 때문입니다.

3) 지옥을 이르는 또 다른 이름은 '구덩이'입니다. 아, 이것은 밑도 끝도 없는 구덩이(무저갱)입니다. 여러분은 그 속으로 영영 빠져들 것입니다. 날마다 끊임없이 더 깊이

빠져들 것입니다. 아, 죄인 여러분, 어서 이렇게 부르짖어야 하지 않을까요? "나를 수렁에서 건지사 빠지지 말게 하시고……깊음이 나를 삼키지 못하게 하시며 웅덩이가 내 위에 덮쳐 그것의 입을 닫지 못하게 하소서"(시 69:14-15).

4) 하나님 말씀에서 지옥을 이르는 또 다른 이름은 '하나님 손에 빠져 들어가는 것'입니다. "살아 계신 하나님의 손에 빠져 들어가는 것이 무서울진저"(히 10:31). "내가 너를 다루는 날에 네 마음이 견디어 낼 수 있으며 네 손이 튼튼할 수 있겠느냐"(겔 22:14, 한글 킹제임스판). 죄인 여러분, 하나님은 여러분과 화해할 수 없는 원수가 되실 것입니다. 여러분이 그리스도 없이 죽는다면, 여러분이 믿지 않고, 구원받지 못한다면, 죄인이 죽는 것을 기뻐하지 않으시고 사는 것을 기뻐하시는 바로 그 하나님이 여러분의 영원한 원수가 되실 것입니다(겔 33:11). 아, 불쌍한 죄인 여러분, 하나님의 진노가 불붙을 때 여러분은 어찌하시겠습니까?

5) 지옥을 이르는 또 다른 이름은 '둘째 사망'입니다. "사망과 음부도 불못에 던져지니 이것은 둘째 사망 곧 불못이라"(계 20:14). 하나님이 아담에게 "네가 먹는 날에는 반드시 죽으리라"(창 2:17)고 하신 위협의 뜻이 바로 이것입니다. 여

러분은 아마 죽어 가는 죄인의 침대 곁에 서서, 그가 얼마나 숨을 헐떡이고, 이를 악물고, 이불을 꼭 움켜쥐는지 지켜본 일이 있을 것입니다. 그러나 숨은 차츰 잦아들고 마침내 완전히 멎습니다. 아, 이것이 바로 첫째 사망입니다. 그리고 둘째 사망도 이와 비슷합니다. 사람들은 저항하려고 애쓰겠지만, 다 부질없음을 깨닫게 됩니다. 영원한 지옥이 시작된 것을 보고, 하나님이 자신들을 다루시는 것을 보고, 암울함과 짙은 절망에 빠져 들어갑니다. 이것이 죄인들이 죽어야 할 죽음입니다. 그런데 결코 죽지 않습니다.

6) 지옥을 이르는 또 다른 이름은 '바깥 어두운 데'입니다. 그리스도는 지옥을 바깥 어두운 데라고 하십니다. "그 나라의 본 자손들은 바깥 어두운 데 쫓겨나 거기서 울며 이를 갈게 되리라"(마 8:12). "그 손발을 묶어 바깥 어두운 데에 내던지라 거기서 슬피 울며 이를 갈게 되리라"(마 22:13). 이것은 베드로후서에도 나옵니다. "하나님께서 죄지은 천사들을 용서하지 않으시고 지옥에 던져 어두움의 사슬에 묶어 심판 때까지 있게 하셨다"(2:4, 바른성경). 또 유다서에도 나옵니다. "영원히 예비된 캄캄한 흑암으로 돌아갈 유리하는 별들이라"(1:13). 아, 사랑하는 친구 여러분,

"캄캄한 흑암", "바깥 어두운 곳", "어두움의 사슬", 이것이 바로 지옥입니다.

4. 이제 성경에서 말하는 지옥이 존재의 멸절이 아님을 보여 드리기에 이르렀습니다

어떤 사람들은 자기네가 구원을 받지 못하더라도, 자기네 존재 자체가 아주 사라져 버릴 것이라고 생각합니다. 아, 이것은 거짓입니다.

1) 제가 먼저 보여 드릴 것은 저주받은 사람들의 울음소리입니다. "불러 이르되 아버지 아브라함이여 나를 긍휼히 여기……소서 내가 이 불꽃 가운데서 괴로워하나이다"(눅 16:24). 그리고 또 마태복음 말씀을 보십시오. "슬피 울며 이를 갈게 되리라"(22:13). 아, 이 말씀들은 지옥이 존재의 멸절이 아님을 똑똑히 보여 줍니다. 지옥에서 사람들은 큰 추수 날에 함께 단으로 묶일 것입니다. "가라지는 먼저 거두어 불사르게 단으로 묶고"(마 13:30). 맹세지거리한 사람은 맹세지거리한 사람끼리, 안식일을 어긴 사람은 안식일을 어긴 사람끼리, 주정뱅이는 주정뱅이끼리, 위선자는 위선자끼리, 부모와 자식은 부모와 자식끼리 단으로 묶일 것

입니다. 그리고 서로가 서로의 정죄를 증언할 것입니다.

2) 우리가 받는 고난의 정도가 다 다를 것이라고 생각할 때, 지옥은 멸절이 아닐 것입니다. "심판 날에 두로와 시돈이 너희보다 견디기 쉬우리라"(마 11:22). 예수님은 바리새인들에게 "너희는 더욱 무서운 심판을 받을 것이다"(마 23:14, 현대인의 성경) 말씀하십니다. 각 사람은 자기 행위대로 심판을 받을 것입니다(계 20:13).

3) 유다의 운명을 생각할 때, 지옥은 멸절이 아닐 것입니다. "인자를 파는 그 사람에게는 화가 있으리로다 그 사람은 차라리 태어나지 아니하였더라면 제게 좋을 뻔하였느니라"(마 26:24). 유다는 자기가 아예 태어나지 않았으면 좋았겠다고 생각하고 있을 것입니다. 유다는 틀림없이 죽고 싶겠지만, 절대로 죽지 못할 것입니다. 여기 있는 지옥에 갈 모든 사람, 부당하게 성찬에 참여하는 모든 사람도 마찬가지일 것입니다. 아, 여러분이 그리스도 없이 죽는다면, 여러분은 여러분이 아예 태어나지 않았으면 좋았겠다고 생각할 것입니다. 푸른 땅과 파란 하늘을 아예 보지 않는 편이 나았겠다고 생각할 것입니다. 아, 여러분은 여러분이 아예 존재하지 않았으면 좋았겠다고 생각할 것입니

다. 아, 사랑하는 형제 여러분, 지옥에 있는 것보다 아예 존재하지 않는 것이 낫습니다. 아, 오늘 지옥에는 자기가 태어난 날을 저주하고 있는 사람이 많습니다.

4) 지옥은 영원하기 때문에 멸절이 아닐 것입니다. 연약하고 어리석은 몇몇 사람은 지옥 불이 언젠가 꺼지고, 자기들은 자기네 지친 영혼을 물에 푹 담글 곳으로 가리라고 제멋대로 생각합니다. 아, 여러분은 지옥과 협상하려고 애쓰지만, 여러분의 몸과 영혼을 괴롭히는 이 불길이 혹 꺼지는 때가 온다면, 예수님은 거짓말쟁이가 되고 마실 것입니다. 오늘 본문에서 예수님은 "결코 꺼지지 아니하리라"고 세 번이나 되풀이해 말씀하시기 때문입니다.

지옥은 영원합니다. 지옥을 이야기할 때, 영원을 나타낼 때 말고는 아예 쓰지 않는 말로 이야기하기 때문입니다. "그 고난의 연기가 세세토록 올라가리로다"(계 14:11). 아, '세세토록'이랍니다. "또 그들을 미혹하는 마귀가 불과 유황 못에 던져지니 거기는 그 짐승과 거짓 선지자도 있어 세세토록 밤낮 괴로움을 받으리라"(계 20:10). 이 말씀을 요한계시록 4장 9절 말씀과 견주어 보십시오. "그 생물들이 보좌에 앉으사 세세토록 살아 계시는 이에게 영광과 존귀와 감사를 돌릴 때에……." 여기서 여러분은 저주받은 자들의 고통을 하나님의 영원하심과 나란히 이야기하는 것을 볼 수 있습니다. 아, 하나님이 그만 사시는 때가 온다면, 이들이 받는 고통도 멈출 것입니다.

또, 지옥이 영원함을 천국이 영원함과 같은 말로 이야기하고 있습니다. "다시 밤이 없겠고 등불과 햇빛이 쓸 데 없으니 이는 주 하나님이 그들에게 비치심이라 그들이 세세토록 왕 노릇 하리로다"(계 22:5). 성도들의 영원에 쓰는 말을 저주받은 자들의 영원에도 그대로 쓰고 있습니다. "세세토록 밤낮 괴로움을 받으리라"(계 20:10). 아, 죄인 여러분, 성도들이 보좌에서 내려오고, 썩지 않는 면류관이 그 머리에서 벗겨질 때가 온다면, 여러분이 지옥에서 벗어난다고 생각해도 좋습니다. 그러나 그런 일은 절대로, 절대로 없을 것입니다. 이것은 "세세토록" 이어질 영원한 지옥입니다. 영원하다는 것은 하나님의 진노가 절대로 끝나지 않는다는 말입니다. 언제까지고 이어진다는 말입니다. 아, 여러분이 지혜가 있어 이 사실을 깨닫고 여러분의 종말을 생각한다면 얼마나 좋을까요(신 32:29, 개역한글판)!

이제 이것을 적용하겠습니다.

먼저, 믿는 분들에게 말씀드리겠습니다. 사랑하는 형제자매 여러분, 제가 묘사한 이 모든 지옥은 여러분과 제가 마땅히 가야 할 곳입니다. 불못이 바로 우리 발밑에 있었지만, 예수님이 거기서 우리를 구원해 주셨습니다. 예수님은 여러분과 저를 대신해 옥에 갇히셨고, 여러분과 저를 대신해 하나님 진노의 잔을 싹 비우셨습니다. 의인으로서 불의한 자를 대신해 죽으셨습니다(벧전 3:18). 아, 사랑하는 여러분, 예수님이 우리를 위해 하신 일을 생각할 때 우리는 예수님을 얼마나 귀하게 여기고 사랑하고 공경해야 할까요! 아, 우리는 아무 탈 없이 요단강을 건너기까지 예수님이 우리를 대신해 우리의 지옥을 어떻게 견디셨고, 우리의 죄악을 어떻게 사하셨는지 절대로, 절대로 모를 것입니다. 아, 사랑하는 여러분, 그렇지만 지옥을 생각하십시오. 여러분에게는 진노의 날에 임할 진노를 스스로 쌓고 있는 회심하지 않는 친구가 없으십니까(롬 2:5)? 아, 기도하지 않는 부모나 형제자매가 없으십니까? 아, 이들을 불쌍히 여기는 마음이 없으십니까? 이들에게 경고하는 자비로운 목소리가 없으십니까?

다음으로, 근심하며 그리스도를 찾는 분들에게 말씀드

리겠습니다. 저는 여러분 가운데 몇몇 사람들이 근심하며 그리스도를 찾는 줄로 압니다. 사랑하는 영혼이여, 여러분을 깨워 맹렬히 타는 이 불구덩이에서 도망가게 하시는 하나님의 긍휼이 얼마나 큽니까! 아, 일어나 도망가게 하시는 것이 얼마나 큰 긍휼입니까! 절박하게 하시는 것이 얼마나 큰 긍휼입니까! 아, 여러분의 회심하지 않은 친구들은 너무 걱정할 것 없다고 말할 것입니다. 아, 다가올 진노를 피하지 않아도 됩니까? 아, 사랑하는 영혼이여, 그리스도가 얼마나 소중한지 배우십시오. 그리스도는 광풍을 피하는 곳입니다. 폭우를 가리는 곳입니다(사 32:2). 세상 만물은 먼지 한 점과 같습니다. 예수님을 위해 다 해로 여길 것들입니다(빌 3:7). 예수님은 만유 안에 계신 만유이십니다(골 3:11). 사랑하는 여러분, 그분이 여러분에게 거저입니다. 예수님을 "나의 것"(아 2:16, 새번역)이라고 할 수 있을 때까지 쉬지 마십시오.

끝으로, 회심하지 않은 분들에게 말씀드리겠습니다. 아, 여러분은 어리석은 사람들입니다. 여러분은 여러분이 지혜롭다고 생각합니다. 아, 하지만 여러분에게 성경을 살펴보시기를 권해 드립니다. 영원한 지옥을 제 얘기로 받아들이지 마십시오. 하나님이 이 말씀을 하셨을 때, 이것은 하나님의 증언입니다. 아, 이 말씀이 사실이라면, 풀무 불이 있고, 둘째 사망이 있고, 멸절이 아니라 영원한 지옥이라면, 죄 가운데 그대로 살아간다는 것이 말이 됩니까? 여러분은 여러분이 지혜롭다고 생각합니다. 여러분이 광신자가 아니고, 위선자가 아니라고 생각합니다. 그러나 여러분은 곧 괴로워하며 이를 갈 것입니다. 이 일이 곧 닥칠 것입니다. 그때 여러분을 가장 뼈아프게 하는 생각은, 여러분이 지옥 이야기를 듣고도 그리스도를 거절했다는 생각일 것입니다. 아, 그렇다면 돌이키십시오. 돌이키십시오. 왜 죽으려 하십니까(겔 33:11)?

그리스도의 집과 종들:
그리스도의 다시 오심

5. 그리스도의 집과 종들: 그리스도의 다시 오심

가령 사람이 집을 떠나 타국으로 갈 때에 그 종들에게 권한
을 주어 각각 사무를 맡기며 문지기에게 깨어 있으라 명함
과 같으니 그러므로 깨어 있으라 집 주인이 언제 올는지 혹
저물 때일는지, 밤중일는지, 닭 울 때일는지, 새벽일는지
너희가 알지 못함이라 그가 홀연히 와서 너희가 자는 것을
보지 않도록 하라 깨어 있으라 내가 너희에게 하는 이 말은
모든 사람에게 하는 말이니라 하시니라(막 13:34-37).

**1. 땅에 있는 교회는 그리스도의 집입니다: "집을 떠나." 이 비유는
땅에 있는 교회를 그리스도의 집이나 거처로 나타냅니다**

1) 그리스도가 그 주춧돌이시기 때문입니다. 집의 모든 돌
이 기초 위에 세워지듯이, 모든 신자는 그리스도 위에 세

워집니다. 그리스도는 믿는 사람들을 떠받치는 주춧돌이십니다. 기초가 없으면, 집 전체가 무너져 내리고 홍수와 바람에 쓸려 갈 것입니다. 그리스도가 없었다면, 믿는 사람은 하나님의 진노로 죄다 쓸려 갔을 것입니다. 그러나 이들은 그리스도 안에 뿌리를 박고 세움을 받아 그리스도의 집을 이룹니다(골 2:7).

2) 그리스도가 건축자이시기 때문입니다. ① 집의 모든 돌을 그리스도가 손수 거기에 놓으셨습니다. 그리스도는 돌을 모두 채석장에서 가져오셨습니다. 여러분을 떠낸 반석과 여러분을 파낸 우묵한 구덩이를 생각해 보십시오(사 51:1). 육신에 속한 사람은 채석장에 박힌 돌처럼 세상에 단단히 박혀 있습니다. 전능하신 구주의 손길만이 이 영혼을 캐낼 수 있고, 육신에 속한 상태에서 꺼내 줄 수 있습니다. ② 그리스도께서 이 돌들을 옮겨서 기초 위에 놓으셨습니다. 돌을 캐냈다고 해서 돌이 저절로 옮겨지는 법은 없습니다. 누군가 날라야 하고, 기초 위에 세워야 합니다. 마찬가지로 육신에 속한 영혼이 깨어날 때, 제 힘으로 그리스도 위에 설 수 없습니다. 우두머리 건축자가 어깨에 메고 옮겨 주어야 합니다. 집의 모든 돌을 그리스도께서

이렇게 옮기셨습니다. 얼마나 놀라운 집입니까! 돌을 모두 그리스도가 세우셨다면, 그리스도의 집이라 하는 것은 아주 당연한 일일 것입니다. 보십시오. 그리스도께서 여러분을 캐내시고, 나르시고, 자기 위에 세우셨습니다. 그렇다면 여러분은 성령으로 말미암은 하나님의 처소일 것입니다(엡 2:22, KJV).

3) 그리스도의 친구들이 이 안에 있기 때문입니다. 여러분의 친구들이 어디에 있든지 그곳은 여러분의 집이나 다름없습니다. 여러분의 어머니와 형제자매가 어디에 살든지 그곳은 여러분의 집이나 다름없습니다. 그렇다면 이곳은 그리스도의 집이 틀림없습니다. 그리스도는 손을 내밀어 자기 제자들을 가리키시며 "나의 어머니와 나의 동생들을 보라 누구든지 하늘에 계신 내 아버지의 뜻대로 하는 자가 내 형제요 자매요 어머니이니라"(마 12:49-50)고 하셨기 때문입니다. 이 세상에 믿는 사람들이 있는 이상, 그리스도는 이곳을 자기 집으로 여기실 것입니다. 그리스도는 영광 가운데서도 사마리아 우물과 겟세마네 동산, 갈보리 언덕을 잊지 못하십니다. 여러분 중에 그리스도를 알고, 그 아버지의 뜻대로 행하는 사람은 복이 있습니다. 여러분

이 어디에 살든지, 그리스도는 여러분이 사는 곳마다 자기 집이라 하십니다. 여러분이 초라한 곳에 살지 모릅니다. 그래도 복됩니다. 그리스도가 여러분과 함께 사시고, 자기 거처라고 하시기 때문입니다. 그분은 여러분을 "내 형제요 자매요 어머니"라고 하십니다.

2. 그리스도는 다른 나라로 떠난 사람과 같으십니다(34절)

땅에 있는 교회가 그리스도의 집이고, 그리스도가 이곳을 무척 좋아하시지만, 그리스도는 여기 계시지 않고, 부활하셨습니다. 정말로 부활하셨습니다.

1) 우리 이름으로 하늘을 소유하러 가셨습니다. 한집안의 만형이 자신과 동생들을 위해 부동산을 살 때, 그것을 소유하려고 다른 나라로 떠나는 일이 있습니다. 마찬가지로 그리스도는 만형이십니다. 그리스도는 죄인들이 용서받고 용납받는 길을 마련하시려고 사시고 죽으셨고, 우리를 위해 하늘을 소유하러 하늘로 가셨습니다. 여러분, 그리스도를 여러분의 보증인으로 받아들이십니까? 그렇다면 여러분은 벌써 하늘을 소유한 것입니다. 어떤 사람은 '제가 가 본 적도 없는 하늘을 어떻게 소유했다는 말입니

까?' 하고 물을 것입니다.

자, 여러분의 보증인이신 그리스도께서 여러분의 이름으로 소유하셨습니다. 여러분이 이 사실을 깨닫는다면, 기쁨이 넘칠 것입니다. 어떤 사람은 자기가 본 적 없는 재산을 가지고 있을 수 있습니다.

"매우 멀리 떨어진 땅"(사 33:17, 한글 킹제임스판)에 계신 여러분의 보증인을 보십시오. 자기 동생들을 위해 그 땅이 다 자기 것이라 하십니다. "내가 이것을 너희에게 이름은……너희 기쁨을 충만하게 하려 함이라"(요 15:11).

2) 우리를 위해 간구하러 가셨습니다. ① 아직 각성하지 못하고, 열매 맺지 못한 죄인들을 위해 간구하러 가셨습니다. "주인이여 금년에도 그대로 두소서"(눅 13:8). 아, 죄인 여러분, 여러분이 갑작스러운 죽음을 맞지 않은 까닭은 무엇입니까? 여러분은 왜 구덩이에 빠지지 않았습니까? 구주께서 여러분 가운데 몇몇 사람을 위해 얼마나 자주 기도하셨습니까! 이 기도가 모두 헛될까요? ② 자기를 믿고 있는 사람들을 위해 간구하고, 이들을 위해 온갖 복을 얻으려고 가셨습니다. 집안의 맏형이 다른 나라로 가면 흔히 집에 있는 동생들에게 값진 선물을 보내곤 하는데, 이것이 바로

그리스도가 하신 일입니다. 그리스도는 모든 하늘 위로 올라가셔서 우리를 위해 하나님 앞에 나타나시고, 우리에게 필요한 것을 구하시고, 우리에게 하늘의 보화를 모두 내려 보내셨습니다. 우리가 다 그의 충만한 데서 받으니 은혜 위에 은혜입니다(요 1:16). "내가 아버지께 구하겠으니 그가 또 다른 보혜사를 너희에게 주사"(요 14:16). 아, 그리스도인 여러분, 하늘의 복을 받으려면 기도하시는 그리스도를 믿으십시오. 마치 그분을 본 것처럼 믿으십시오. 그리고 입을 크게 벌려 그분이 구하시는 복을 받아먹으십시오.

3) 우리가 있을 곳을 마련하러 가셨습니다. 한 식구가 다른 나라로 거처를 옮기려고 할 때, 보통 맏형이 먼저 가서 동생들이 있을 곳을 마련하곤 하는데, 이것이 바로 그리스도가 하신 일입니다. 우리가 언제까지나 여기에 사는 것은 그리스도의 뜻이 아닙니다. 그리스도는 우리가 있을 곳을 마련하시려고 다른 나라로 떠나셨습니다. "가서 너희를 위하여 거처를 예비하면 내가 다시 와서 너희를 내게로 영접하여 나 있는 곳에 너희도 있게 하리라"(요 14:3). 아, 그리스도인 여러분, 여러분이 있을 곳을 마련하시는 그리스도를 믿으십시오. 이것이 죽음에 대한 두려움을 크게 덜어

줄 것입니다. 죽는다는 것, 곧 알지 못하고, 보지 못하고, 겪어 보지 못한 세상으로 들어간다는 것은 용서받고 거룩하게 된 영혼에게조차 무시무시한 일입니다. 한 가지가 두려움을 없애 줍니다. 그리스도께서 내 영혼에 꼭 알맞은 곳을 마련하고 계신다는 사실입니다. 그분은 내 타고난 결함과 약점을 모두 아십니다. 나는 그분이 이곳을 내 마음에 쏙 드는 집으로 만드실 것을 압니다.

3. 그리스도의 백성은 모두 종이고, 이들에게는 맡겨진 일이 있습니다(34절)

1) 목사들은 종이고, 이들에게 맡겨진 일이 있습니다. 본문에서는 두 가지 일을 말합니다. ① 청지기. 이들은 집 주인이 권한을 준 종들로 보입니다. 목사는 누구나 청지기여야 합니다. 그래서 생명의 말씀을 알맞게 나누어, 식구들 모두에게 제때에 제 먹을 몫을 주어야 합니다. 아, 하나님이 자기 피로 사신 교회를 보살피고(행 20:28), 어린아이에게는 젖을, 다 자란 사람에게는 단단한 음식을, 모두에게 저마다 필요한 양식을 주는 것은 복된 일입니다. 여러분의 목사들을 위해 기도하십시오. 충성되고 지혜로운 청지기

가 되게 해 달라고 기도하십시오. 이런 목사가 드뭅니다. ② 문지기. 집 주인은 문지기에게 깨어 있으라고 명령했습니다. 어떤 목사들은 문 앞에 서서 "좁은 문으로 들어가라"(마 7:13)고 하면서 죄인들을 하나하나 초청하는 일을 합니다. 하나님의 교회를 먹이고 마시우는 은사를 받지 못한 목사들이 있습니다. 바울은 심었고 아볼로는 물을 주었습니다(고전 3:6). 어떤 목사들은 내 하나님 집의 문지기일 뿐입니다(시 84:10). 하나님의 참된 종들 가운데 누구도 업신여기지 않는 법을 배우십시오. 모두가 사도입니까? 모두가 선지자입니까? 하나님은 어떤 사람은 문 앞에 서 있게 하셨고, 어떤 사람은 자녀들의 떡을 떼게 하셨습니다. 아무도 업신여기지 마십시오.

2) 그리스도인은 모두 종이고, 이들에게 맡겨진 일이 있습니다. 어떤 사람들은 목사들만 그리스도를 위해 일해야 한다고 생각합니다. 그런데 오늘 말씀을 보십시오. 모든 종에게 각각 사무를 맡겼다고 말합니다. 큰 집에서는 청지기와 문지기만 종이 아닙니다. 더 많은 종이 있고, 저마다 하는 일이 있습니다. 그리스도의 백성도 꼭 마찬가지입니다. 목사들만 그리스도의 종이 아닙니다. 그리스도를 믿는

모든 사람이 그리스도의 종입니다.

① 일하는 그리스도인이 되는 법을 배우십시오. "너희는 말씀을 행하는 자가 되고 듣기만 하여 자신을 속이는 자가 되지 말라"(약 1:22). 쓸모없는 그리스도인이 얼마나 많은 지, 보면 참 놀랍기 그지없습니다. 여러분 중에 자기 이익만 꾀하는 그리스도인이 된 사람 없습니까? 여러분, 자기 밖에 모르는 아이가 아무도 모르는 데 가서 친구들의 방해를 받지 않고 자기 혼자 맛있는 것을 먹는 것을 본 적 있으십니까? 몇몇 그리스도인도 이와 똑같이 행동합니다. 이들은 그리스도와 용서를 먹습니다. 그런데 자기 혼자, 자기만을 위해서 먹습니다. 여러분 중에 여러분이 가장 아끼는 친구가 그리스도인이 아닌데도 친구한테 아무 말 하지 않고 혼자 그리스도인 된 것을 즐거워하는 사람 없습니까? 여기를 보십시오. 여러분이 할 일을 받았습니다. 그리스도께서 여러분을 찾으셨을 때, "(내) 포도원에 가서 일하라"(마 21:28)고 하셨습니다. 일하지 않으려면, 무엇 때문에 고용을 받으셨습니까? 구원을 전하지 않으려면, 무엇 때문에 구원을 받으셨습니까? 무엇 때문에 복을 받으셨습니까? 아, 그리스도인 친구 여러분, 여러분이 그리스도의 종

답게 산 적이 얼마나 적습니까! 쓸데없는 소리나 하며 보낸 허송세월이 얼마나 많습니까! 착한 종은 이렇지 않습니다. 여러분 자신을 위해서는 얼마나 많은 일을 했습니까! 그런데 그리스도와 그 백성들을 위해 한 일은 얼마나 적습니까! 이것은 종답지 못한 모습입니다.

② 자기 자리를 지키는 법을 배우십시오. 큰 집에서 종은 저마다 자기가 맡은 일이 있습니다. 어떤 사람은 문을 여는 문지기입니다. 어떤 사람은 식구들이 먹을 것을 공급하는 청지기입니다. 어떤 사람은 방을 청소하고, 어떤 사람은 음식을 만들고, 어떤 사람은 손님들 시중을 들어야 합니다. 저마다 알맞은 자리가 있고, 서로가 서로를 간섭하지 않습니다. 너도나도 문지기가 되어 문을 열어야 한다면, 청지기직은 어떻게 되겠습니까? 너도나도 청지기면, 집은 누가 청소할까요? 그리스도인들도 꼭 마찬가지입니다. 저마다 제게 맡겨진 일이 있고, 그 일을 그만두지 말아야 합니다. "각 사람은 부르심을 받은 그 부르심 그대로 지내라"(고전 7:20). 오바댜는 악한 아합의 궁정에서 맡은 일이 있었습니다. 하나님이 거기에 자기 종으로 두셨고, '여기서 나를 위해 일하라'고 하셨습니다. 여러분 중에 악한

가정에 속한 사람이 있습니까? 거기서 빠져나오려고 하지 마십시오. 그리스도께서 자기를 위해 일하게 하시려고 자기 종으로 여러분을 거기에 두셨습니다. 수넴 여자는 할 일이 있었습니다. 선지자 엘리사가 왕에게 무슨 구할 것이 있느냐고 묻자, 이 여인은 "나는 내 백성 중에 거주하나이다"(왕하 4:13)고 답했습니다. 또 한번은 귀신 들린 불쌍한 사람이 예수님께 고침을 받고 나서 예수님께 함께 가게 해 달라고 간청하자, 예수님은 허락하지 않으시고 이렇게 말씀하셨습니다. "집으로 돌아가 주께서 네게 어떻게 큰일을 행하사 너를 불쌍히 여기신 것을 네 가족에게 알리라"(막 5:19). 사랑하는 친구 여러분, 자기 자리를 지키는 법을 배우십시오. 주님이 이쪽 구석에다 등을 매다셨는데, 그것을 저쪽 구석으로 옮기는 것은 주제넘은 일 아닙니까? 주님이 사람보다 더 지혜롭지 않으신가요? 여러분은 저마다 여러분이 있는 곳에서 그리스도를 위해 할 일이 있습니다. 여러분이 병상에 있습니까? 거기서도 이 세상에서 가장 높은 자리에 있는 그리스도의 종만큼 그리스도를 위해 할 일이 있습니다. 가장 빛이 약한 별도 한낮의 태양만큼 하나님의 종입니다. 여러분이 있는 자리에서 다만 그리스도를 위해 사십시오.

4. 그리스도는 다시 오실 것이고, 우리는 언제 오실는지 모릅니다

"그러므로 깨어 있으라 집 주인이 언제 올는지 혹 저물 때일는지, 밤중일는지, 닭 울 때일는지, 새벽일는지 너희가 알지 못함이라 그가 홀연히 와서 너희가 자는 것을 보지 않도록 하라 깨어 있으라." 여기서 두 가지 사실을 밝히고 있습니다.

1) 그리스도는 다시 오실 것입니다. 성경 전체가 이 사실을 증언합니다. 집 주인은 오랫동안 떠나 있었지만, 돌아오실 것입니다. 그리스도는 자기 제자들이 보는데 올라가셨고, 구름에 가려서 보이지 않게 되었습니다. 제자들이 하늘을 자세히 쳐다보고 있는데 천사들이 이렇게 말합니다. "갈릴리 사람들아 어찌하여 서서 하늘을 쳐다보느냐 너희 가운데서 하늘로 올려지신 이 예수는 하늘로 가심을 본 그대로 오시리라"(행 1:11). 그리스도는 구름을 타고 올라가셨고, 구름을 타고 다시 오실 것입니다.

2) 그리스도는 느닷없이 오실 것입니다. 성경 전체가 이 사실을 증언합니다. ① 한 곳에서는 이것을 갱충맞은 들짐

승을 별안간 꾀어 잡는 덫에 빗댑니다. "그날이 덫과 같이 너희에게 임하리라 이날은 온 지구상에 거하는 모든 사람에게 임하리라"(눅 21:34-35). ② 또 도둑에 빗댑니다. "주의 날이 밤에 도둑같이 이를 줄을……"(살전 5:2). ③ 또 갑자기 오는 신랑에 빗댑니다. "밤중에 소리가 나되 보라 신랑이로다"(마 25:6). ④ 또 홍수에 빗댑니다. ⑤ 또 소돔과 고모라에 내린 불비에 빗댑니다. ⑥ 그리고 여기서 집 주인이 느닷없이 집에 오는 것에 빗대고 있습니다. "집 주인이 언제 올는지……너희가 알지 못함이라." 자, 사랑하는 친구 여러분, 저는 인자의 다시 오심을 놓고 하나님이 뭐라고 하셨는지 알려고 겸손히 기도하며 예언의 기록들을 살피는 사람들을 낙담시키려는 것이 아닙니다. 우리가 "주의 임하심과 세상 끝에는 무슨 징조가 있사오리이까"(마 24:3) 하고 자꾸 되묻지 않는다면, 우리는 예수님의 첫 제자들과는 다른 것입니다. 그러나 제가 여러분 마음에 새겨지기를 바라는 진리는 이것입니다. 그리스도는 갑작스레 오실 것입니다. 세상에도 갑작스럽고, 하나님의 자녀에게도 갑작스럽습니다. "생각하지 않은 때에 인자가 오리라"(마 24:44). "집 주인이 언제 올는지 혹 저물 때일는지, 밤중일는지, 닭 울 때일는지, 새벽일는지 너희가 알지 못함이라." 아, 친구 여러분, 여러분이 오실 구주를 날마다 믿고 살지 않는다면, 여러분의 믿음은 불완전한 것입니다.

5. 깨어 있으라. "내가 너희에게 하는 이 말은 모든 사람에게 하는 말이니라 하시니라"

1) 목사들이 깨어 있어야 합니다. 이것은 특별히 문지기에게 하시는 말씀입니다. "그러므로 깨어 있으라." 아, 우리는 얼마나 정신을 바짝 차려야 합니까! 우리를 잠들게 하는 것이 많습니다. ① 믿음 없음. 목사가 못 박히시고 부활하시고 다시 오시는 그리스도를 보지 못한다면, 영혼을 보살필 수 없습니다. 여러분의 목사가 언제나 눈을 크게 뜨고 그리스도를 보게 해 달라고 기도하십시오. ② 경솔한 영혼들을 자꾸 봄. 아, 이것이 그리스도의 일꾼들을 얼마나 휘청이게 하는지 여러분은 잘 모릅니다. 한 젊은 신자가 뜨거운 마음으로 와서 그리스도와 용서와 새 마음을 전합니다. 그는 이것을 하나님의 진리로 믿고, 마음을 다해 단순하면서도 거침없이 전합니다. 이것을 사람들한테 자꾸 권하고, 사람들이 자기 눈앞에서 눈 녹듯 녹아내리기를

바랍니다. 아, 그런데 사람들은 여전히 차갑고 냉랭합니다. 죄 가운데 그대로 살고, 죄 가운데 죽습니다. 아, 이것이 그의 마음을 얼마나 무디게 하고, 무겁게 하고, 상하게 하는지 여러분은 잘 모릅니다. 친구 여러분, 우리가 잠들지 않도록 기도해 주십시오. 여러분의 경솔함이 다만 우리를 더욱 깨어 있게 해 달라고 기도하십시오.

2) 그리스도인들이 깨어 있어야 합니다. 아, 그리스도가 오실 날이 가까이 왔다면, ① 용서받지 못한 채로 발견되지 않도록 조심하십시오. 많은 그리스도인이 그리스도를 실제로 보지 않고 살아가는 듯 보입니다. 그리스도에게서 눈을 떼지 말아야 합니다. 여러분은 눈이 감겼습니다. 아, 그리스도 안에 거하려면, 오늘 밤 그리스도를 맞이하십시오. 저물 때든지, 밤중이든지, 닭 울 때든지, 새벽이든지, 그분은 언제든지 환영입니다! 아멘, 주 예수여, 오시옵소서(계 22:20). ② 또 죄를 짓고 있을 때 발견되지 않도록 조심하십시오. 제가 잘못 생각하는 것이 아니라면, 많은 그리스도인이 죄 가운데 행하는 듯 보입니다. 그 까닭은 잘 모르겠지만, 그렇게 보입니다. 어떤 그리스도인들은 사치와 탐욕과 나쁜 친구들에 빠져 잠든 듯 보입니다. 아, 구주

가 이렇게 느닷없이 오실 때 여러분이 얼마나 좋아할지 한 번 생각해 보십시오. 여러분이 날마다 하는 일과 날마다 느끼는 감정 상태, 날마다 맛보는 즐거움을 시험해 보십시오. 이 시금석으로 시험해 보십시오. '나는 그리스도가 오실 때 하고 있으면 좋겠다고 생각하는 일을 하고 있는가?'

3) 그리스도 없는 영혼들이여, 여러분의 처지가 얼마나 참혹합니까! 죽음이 느닷없이 찾아올지 모릅니다. 아, 때때로 죽음은 얼마나 무서울 만큼 느닷없이 찾아옵니까! 여러분은 회개할 시간이 없을지 모릅니다. 기도할 숨이 없을지 모릅니다. 구주의 오심은 훨씬 갑작스러울 것입니다. 여러분은 그날도 그때도 모릅니다. 여러분은 하나님을 모르고, 복음에 순종하지 않았습니다. 아, 주님이 노하시는 날에 여러분은 어찌하시겠습니까?

—

6

할 수 있는 일을 하십시오

—

6. 할 수 있는 일을 하십시오[6]

> 이 여자는, 자기가 할 수 있는 일을 하였다 곧 내 몸에 향
> 유를 부어서, 내 장례를 위하여 할 일을 미리 한 셈이다(막
> 14:8, 새번역).

요한복음을 보면, 이 여자가 나사로의 누이요 마르다의 동
생인 마리아라는 사실을 알 수 있습니다(11:2). 우리는 벌
써 마리아가 훌륭한 신자였다고 배웠습니다. "주의 발치에
앉아 그의 말씀을 듣더니"(눅 10:39). 예수님은 마리아를 두
고 친히 이렇게 말씀하셨습니다. "마리아는 이 좋은 편을
택하였으니 빼앗기지 아니하리라"(눅 10:42). 자, 재미있는
것은 바로 이 마리아가 다른 방면에서도 훌륭했다는 사실

---

6 1842년 4월 26일에 한 설교.

입니다. 마리아는 '깊이 생각하는 신자'로서만 아니라 '행동하는 신자'로서도 훌륭했습니다.

많은 사람이 믿는다는 것을 어떤 느낌이나 체험을 갖는 것으로 생각하는 모양입니다. 하지만 이 사람들이 줄곧 잊고 있는 사실은, 이런 느낌과 체험은 꽃일 뿐이고, 열매가 뒤따라야 한다는 사실입니다. 가지가 접붙임 받는 것은 좋은 일입니다. 수액이 흘러드는 것도 좋습니다. 하지만 그 목적은 결국 열매입니다. 마찬가지로 믿음도 좋고, 평강과 기쁨도 좋지만, 우리가 구원받는 목적은 거룩한 열매입니다.

저는 여러분 중에 많은 사람이 지난 주일에 마리아처럼 구속자의 발치에 앉아 구속자의 말씀을 들었다고 믿습니다. 자, 여러분, 그리스도를 위해 할 수 있는 일을 하는 데서도 마리아를 닮으십시오. 여러분은 값으로 산 것이 되었으니, 하나님의 것인 여러분의 몸과 영으로 하나님께 영광을 돌리십시오(고전 6:20, KJV). 하나님의 자비하심으로 여러분을 권합니다.

1. 이것은 우리가 할 수 있는 일입니다

1) 우리는 그리스도를 더 많이 사랑할 수 있었고, 더 많이

기도하고 더 많이 찬송할 수 있었습니다. 마리아가 한 일은 그리스도께 한 일이었습니다. 예수님은 마리아의 영혼을 구원해 주셨고, 그 오라비와 언니를 구원해 주셨습니다. 마리아는 자신이 예수님을 위해 할 수 있는 일이 많지 않다고 느꼈습니다. 그래서 아주 값비싼 향유 한 옥합을 가져다가 깨뜨려서 예수님 머리에 부었습니다. 마리아는 틀림없이 예수님의 제자들을 사랑했습니다. 거룩한 요한을 사랑했고, 솔직한 베드로를 사랑했습니다. 그렇지만 그리스도를 더욱 사랑했습니다. 그리스도를 따르는 가난한 사람들을 사랑했고, 이들에게 자주 친절을 베풀었지만, 예수님을 가장 사랑했습니다. 곧 있으면 가시관을 쓰게 될 그 복된 머리에, 곧 있으면 십자가에 못 박힐 그 복된 발에, 마리아는 값진 향유를 부었습니다. 이것이 우리가 해야 할 일입니다. 그리스도께서 우리를 구원해 주셨다면, 우리는 그분께 우리의 애정을 아낌없이 쏟아부어야 합니다. 예수님의 제자들을 사랑하는 것, 좋습니다. 예수님의 일꾼들을 사랑하는 것, 좋습니다. 가난한 그리스도인들을 사랑하는 것, 좋습니다. 그런데 가장 좋은 것은 그리스도 자신을 사랑하는 것입니다. 우리는 지금 그 복된 머리를 만질 수 없고, 그 거룩한 발에 기름 부을 수 없지만, 그 발등상에 엎드려 그분께 애정을 쏟아부을 수 있습니다. 예수님이 좋아하신 것은 향유가 아니었습니다. 영광의 왕께서 그까짓 향유가 뭐 그리 좋으시겠습니까? 예수님이 좋아하신 것은 자기 발에 부은 사랑하는 마음입니다. 믿는 사람의 상한 마음에서 나온 공경과 찬송과 사랑과 기도입니다. 예수님이 좋아하시는 옥합은 새로운 마음입니다.

아, 형제 여러분, 여러분은 더욱 이렇게 할 수 없었습니까? 옥합을 깨뜨려 찬양의 향기로 방안을 가득 채우고 예수님께 온 마음을 쏟아붓는 데 더 많은 시간을 쓸 수 없었습니까? 여러분이 성령의 충만함을 받으려고 기도한 것보다, 목사들에게, 하나님의 백성에게, 회심하지 않은 세상에 성령을 부어 달라고 더 많이 기도할 수 없었습니까? 예수님은 상한 마음에서 나오는 한숨과 눈물을 좋아하십니다.

2) 우리는 더 거룩하게 살 수 있었습니다. 아가서에서는 교회를 이렇게 묘사합니다. "몰약과 유향과 상인의 여러 가지 향품으로 향내 풍기며 연기 기둥처럼 거친 들에서 오는 자가 누구인가"(3:6). 믿는 사람의 거룩함은 가장 값진 향수와 같습니다. 거룩한 신자가 성령의 충만함을 받고 넉

넉히 이기는 자가 되어 세상을 지날 때, "마치 천사가 날갯 짓이라도 한 것처럼" 향기가 방안을 가득 채웁니다. 세상이 믿는 사람으로 가득하다면, 향기로운 꽃밭 같을 것입니다. 아, 그런데 하늘의 향기를 짙게 풍기고 다니는 신자가 얼마나 적습니까! 여러분이 거룩하고 한결같이 살았다면, 여러분이 하나님의 제단 위에 매인 제물로 밝히 드러났다면, 여러분 중에 얼마나 많은 사람이 구원의 방편이 될 수 있었습니까? 아내들이 이렇게 자기 남편에게 자신의 두려워하며 정결한 행실을 보여 주었다면, 말을 하지 않고도 자기 남편을 구원할 수 있었을 것입니다(벧전 3:1-2). 부모들도 이렇게 자녀들에게 자신의 거룩하고 행복한 모습을 보여 주었다면, 자녀들을 구원할 수 있었을 것입니다. 자녀들도 자주 이렇게 자기 부모를 구원했습니다. 종 된 여러분, "범사에 우리 구주 하나님의 교훈을 빛나게"(딛 2:10) 하십시오. 여러분의 빛이 사람들 앞에 비치게 하십시오(마 5:16). 가장 가난한 사람도 가장 부유한 사람만큼 이 일을 할 수 있습니다. 가장 어린 사람도 가장 나이 든 사람만큼 이 일을 할 수 있습니다. 아, 거룩한 삶만큼 좋은 논증은 없습니다!

3) 여러분은 다른 사람을 구원하려고 애쓸 수 있었습니다. 여러분이 정말로 그리스도께 인도받고 구원을 받았다면, 여러분은 지옥이 있는 줄 알고, 여러분 곁에 있는 회심하지 않은 사람이 모두 서둘러 지옥으로 가고 있다는 것을 알 것입니다. 여러분은 구주가 계시고, 죄인들에게 온종일 손 내밀고 계시는 줄 압니다. 여러분, 죄인들을 구원하려고 더 많은 일을 할 수 없었습니까? 여러분은 할 수 있는 일을 다 하십니까? 여러분은 죄인들을 위해 기도한다고 말합니다. 그런데 기도만 하고 아무것도 하지 않는 것은 위선 아닙니까? 하나님이 이런 기도를 들어주실까요? 수고하지 않는 기도가 하나님의 노여움만 자아낸다는 사실이 두렵지 않습니까? 여러분은 배우지 못해서 말을 못한다고 말합니다. 이런 핑계가 심판 날에 통할까요? 함께 죄인 된 사람들에게 그들의 멸망을 알리려면, 더 많이 배워야 합니까? 이 사람들 집에 불이 났다고 생각해 보십시오. 잠자는 사람을 깨우려면, 더 많이 배워야 합니까?

집에서 시작하십시오. 여러분은 집에 있는 사람들을 구원하려고 더 많이 일할 수 없었습니까? 자녀나 종이 있으십니까? 이들을 위해 할 수 있는 일을 다 하셨나요? 이들

앞에 진리를 내어놓고, 이들을 살아 있는 교회로 데려가고, 이들이 기도하고 죄를 버리게 하려고 할 수 있는 일을 다 하셨습니까?

여러분, 이웃들을 위해 할 수 있는 일을 하십니까? 여러 해 동안 함께한 여러분의 이웃들이 넓은 길에 있는 것을 보고도 위험을 알리지 않고 그냥 지나칠 수 있습니까? 여러분, 소책자를 충분히 활용해 필요한 사람들에게 알맞게 나누어 주십니까? 안식일을 안 지키는 사람들에게 하나님의 집에 가자고 타이르십니까? 주일 학교에서 하는 일이 있으십니까? 어린아이들에게 구원받는 길을 이야기해 줄 수 있지 않았습니까? 세상을 위해 할 수 있는 일을 하십니까? 일터는 세상입니다.

4) 가난한 그리스도인들을 먹이십시오. 가난한 악인들을 모른 척해도 된다고 생각하는 것은 아닙니다. 그렇지만 가난한 그리스도인들은 우리의 형제요 자매입니다. 여러분, 이들을 위해 할 수 있는 일을 하십니까? 그리스도는 큰 날에 자기 오른편에 있는 사람들에게 '복 받을 자들이여 나오라. 내가 주릴 때에 너희가 먹을 것을 주었노라'(마 25:34-35)고 말씀하실 것입니다. 가난한 그리스도인들이 그리스

도가 계시던 자리에 대신 서있습니다. 그리스도께서는 이제 마리아의 향유나 마르다의 환대, 사마리아 여인이 주는 마실 물이 더는 필요치 않습니다. 그분은 이런 것들에서 벗어나 계시고, 다시는 이런 것들을 필요로 하지 않으실 것입니다. 하지만 이 세상에 자기 형제자매를 잔뜩 남겨 두셨습니다. 병든 사람과 다리 저는 사람, 나사로와 같이 헌데 투성이인 사람들을 남겨 두셨습니다. 그리고 이들에게 하는 것이 곧 내게 하는 것이라 말씀하십니다(마 25:40). 여러분, 더 많이 내주려고 검소하게 사십니까? 헐벗은 사람을 입히려고, 화려하고 사치스러운 옷을 치우십니까? 가진 것을 하나도 까먹지 않고 알뜰하게 관리하십니까?

2. 우리가 할 수 있는 일을 해야 하는 까닭

1) 그리스도께서 우리를 위해 할 수 있는 일을 다 하셨기 때문입니다. "내가 내 포도원을 위하여 행한 것 외에 무엇을 더할 것이 있으랴"(사 5:4). 그분은 우리를 위해 일하시고 고난 받으시는 것을 조금도 버겁게 여기지 않으셨습니다. 우리가 아직 죄인 되었을 때 우리를 위해 죽으셨습니다(롬 5:8). 이보다 더 큰 사랑은 없습니다(요 15:13). 베들레

헴 구유부터 갈보리 십자가까지 사는 내내 우리를 위해 수고하시고, 우리를 위해 무한한 고난을 받으셨습니다. 우리가 받아야 할 고난을 모두 받으셨고, 우리가 해야 할 순종을 모두 하셨습니다. 그리고 영광 가운데서도 내내 우리를 위해 사십니다. 항상 살아 계셔서 우리를 위해 간구하십니다(히 7:25). 우리를 위해 만물의 머리가 되시고, 온 세상 모든 것이 합력하여 우리의 선을 이루게 하십니다(롬 8:28). 신격의 위격마다 친히 우리 것이 되신 것은 믿기 힘들 만큼 놀라운 일입니다. 아버지는 "나는 네 하나님이 됨이라"(사 41:10)고 말씀하십니다. 아들은 "두려워하지 말라 내가 너를 구속하였"(사 43:1)다고 하시고, 성령은 우리를 성전으로 만드셔서 우리 가운데 거하시고 두루 행하십니다(고후 6:16). 그분을 위해 우리가 할 수 있는 일을 다 하는 것이 지나칩니까? 우리를 위해 자신을 내어주신 분께 우리 자신을 올려 드리는 것이 지나칩니까?

2) 사탄이 할 수 있는 있을 다 하기 때문입니다. 사탄은 때때로 사자로 찾아옵니다. "너희 대적 마귀가 우는 사자같이 두루 다니며 삼킬 자를 찾나니"(벧전 5:8). 때로는 뱀으로 찾아옵니다. "뱀이 그 간계로 하와를 미혹한 것같이"(고

후 11:3). 때로는 "광명의 천사"(고후 11:14)로 찾아옵니다. 사탄은 성도들을 유혹하고 속이려고 할 수 있는 일을 다 합니다. 거짓 선생들이 이들을 이끌게 하고, 이들에게 하나님을 모독하는 마음과 더러운 생각을 심고, 이들의 영혼에 불화살을 던지고, 세상을 부추겨 이들을 싫어하고 핍박하게 하고, 부모가 자녀를, 형제가 형제를 반대하게 합니다. 사탄은 또 악인들을 포로로 끌고 가려고 할 수 있는 일을 다 합니다. 이들의 생각을 어둡게 하고, 복음에 귀 기울이지 못하게 하고, 더러운 정욕에 빠트리고, 절망으로 몰아넣습니다. 자신의 시간이 얼마 없다는 것을 알수록, 더욱 날뜁니다. 아, 사탄이 할 수 있는 일을 다 한다면, 우리도 할 수 있는 일을 다 해야 하지 않을까요?

3) 우리가 반대편에서 할 수 있는 일을 다 했기 때문입니다. 이것이 바울이 할 수 있는 일을 다 한 큰 동기 가운데 하나였습니다. "그리스도 예수 우리 주께 내가 감사함은 나를 충성되이 여겨 내게 직분을 맡기심이니 내가 전에는 비방자요 박해자요 폭행자였으나"(딤전 1:12-13). 바울은 자기가 하나님의 교회를 얼마나 박해하고 멸했는지 결코 잊을 수 없었습니다(갈 1:13). 이 때문에 하나님의 교회를 세

우고, 사람들을 그리스도께 끌어오는 데서도 부지런을 냈습니다(행 8:3). 바울은 자기가 전에 멸하려던 그 믿음을 전했습니다(갈 1:23). 베드로도 마찬가지였습니다. "그 후로는 다시 사람의 정욕을 따르지 않고 하나님의 뜻을 따라 육체의 남은 때를 살게 하려 함이라 너희가 음란과 정욕과 술 취함과 방탕과 향락과 무법한 우상 숭배를 하여 이방인의 뜻을 따라 행한 것은 지나간 때로 족하도다"(벧전 4:2-3). 뉴턴John Newton도 마찬가지였습니다. "하나님을 모독하던 아프리카 늙은이가 어찌 입 다물고 있을 수 있겠는가?" 여러분 가운데 많은 사람도 마찬가지입니다. 여러분은 죄를 좇아 허겁지겁 뛰어갔습니다. 죄악 된 만족을 얻기 위해서라면, 큰 수고와 비용도 마다하지 않고, 건강도, 돈도, 시간도 아끼지 않았습니다. 그런데 이제 그리스도를 위해 무엇인들 어찌 아까워할 수 있습니까? 다만 전에 마귀를 섬길 때만큼 열심으로 그리스도를 섬기십시오.

4) 그리스도께서 우리가 하는 일을 인정하시고 상 주실 것이기 때문입니다. 그리스도가 복 주시는 수고는 믿음으로 하는 수고입니다. 하나님은 사람의 지혜에서 나오는 말이 아니라 믿음에서 나오는 말을 화살로 만드십니다. 어린

소녀의 말이 아람 사람 나아만의 집에 복이 되었습니다(왕하 5장). "나를 따르라"(마 9:9)는 말씀이 마태의 마음을 뚫는 화살이 되었습니다. 수가 많든지 힘이 약하든지 구원하기에는 하나님께 매한가지입니다(대하 14:11, KJV). 여러분이 할 수 있는 일을 다 한다면, 마을은 향기로 가득 찰 것입니다. 그리스도가 상 주실 것입니다. 그리스도는 마리아가 사랑으로 한 일을 옹호하셨고, 이 일이 온 세상에 전해질 것이라고 하셨습니다(막 14:9). 이 일은 심판 날에도 이야기될 것입니다. 그분은 찬물 한잔도 그냥 지나치지 않으실 것입니다. "잘 하였도다. 착하고 충성된 종아."

5) 여러분이 할 수 있는 일을 다 하지 않는다면, 여러분이 그리스도인이라는 것을 어떻게 증명할 수 있겠습니까? "하나님 아버지 앞에서 정결하고 더러움이 없는 경건은 곧 고아와 과부를 그 환난 중에 돌보고 또 자기를 지켜 세속에 물들지 아니하는 그것이니라"(약 1:27). 그리스도인이 된다는 것을 그저 어떤 견해를 지니고, 죄를 깨닫고, 신령한 기쁨을 맛보는 것으로만 생각한다면, 대단히 잘못 생각하는 것입니다. 이것은 다 좋습니다. 그런데 헌신하는 삶으로 이어지지 않으면, 이것이 다 망상일까 두렵습니다. 누

구든지 그리스도 안에 있으면 새로운 피조물입니다(고후 5:17).

3. 반론에 답합시다

1) '세상이 우리를 비웃을 거예요.' 네. 맞습니다. 세상은 마리아를 비웃었고, 이것이 다 사치요 낭비라고 했습니다. 그런데 그리스도는 잘했다고 하셨습니다. 마찬가지로 여러분이 할 수 있는 일을 한다면, 세상은 여러분을 비웃겠지만, 그리스도는 여러분에게 웃음 지으실 것입니다. 그리스도께 열심이 가득했을 때, 세상은 그분을 비웃었습니다. 그분이 미쳤다고 했고, 귀신 들렸다고 했습니다(요 10:20). 세상은 바울을 비웃었고, 바울이 미쳤다고 했습니다. 그리스도의 살아 있는 지체도 모두 같은 일을 겪습니다. "오히려 너희가 그리스도의 고난에 참여하는 것으로 즐거워하라"(벧전 4:13). "참으면 또한 함께 왕 노릇 할 것이요"(딤후 2:12).

  2) '저는 여잔데 무슨 일을 할 수 있나요?' 마리아도 여자였지만, 할 수 있는 일을 했습니다. 막달라 마리아도 여자였지만, 무덤에 처음으로 갔습니다. 뵈뵈도 여자였지만,

여러 사람과 바울의 보호자가 되었습니다(롬 16:2). 도르가도 여자였지만, 욥바에 있는 가난한 사람들을 위해 속옷과 겉옷을 만들었습니다(행 9:39). "나는 아이라"(렘 1:6). 하나님은 어린 아기와 젖먹이들의 입에서 나오는 찬미를 온전하게 하십니다(마 21:16). 하나님은 자주 어린 자녀를 쓰셔서 부모를 회심하게 하셨습니다.

3) '좋은 일을 하기에는 받은 은혜가 너무 적어요.' "구제를 좋아하는 자는 풍족하여질 것이요 남을 윤택하게 하는 자는 자기도 윤택하여지리라"(잠 11:25). "아버지께서는 모든 충만으로 예수 안에 거하게 하시고"(골 1:19). 여러분에게 기도를 가르쳐 주시는 성령의 충만한 공급이 있습니다. 여러분의 죄를 죽이고 여러분의 은혜를 살리는 은혜의 충만한 공급이 있습니다. 여러분이 다른 사람에게 말할 기회를 쓴다면, 하나님이 넘치도록 채워 주실 것입니다. 가난한 하나님의 백성에게 많이 베푼다면, 조금도 모자람 없이 넉넉히 공급하실 것입니다. "하나님이 능히 모든 은혜를 너희에게 넘치게 하시나니 이는 너희로 모든 일에 항상 모든 것이 넉넉하여 모든 착한 일을 넘치게 하게 하려 하심이라"(고후 9:8). "너희의 온전한 십일조를 창고에 들여 나의

집에 양식이 있게 하고 그것으로 나를 시험하여 내가 하늘 문을 열고 너희에게 복을 쌓을 곳이 없도록 붓지 아니하나 보라"(말 3:10). "네 재물과 네 소산물의 처음 익은 열매로 여호와를 공경하라 그리하면 네 창고가 가득히 차고 네 포도즙 틀에 새 포도즙이 넘치리라"(잠 3:9-10).

—

7

온 천하에 다니라

—

7. 온 천하에 다니라[7]

또 이르시되 너희는 온 천하에 다니며 만민에게 복음을 전

파하라(막 16:15).

1. 우리는 모두 이방인에게 복음 전하는 일을 거들어야 합니다. 그리
스도가 그것을 명하시기 때문입니다. 작별 인사에는 유달리 엄숙한
점이 있습니다

1) 아버지가 죽음을 앞두고서 침상에 누워 자식들을 곁에

불러 모으고 마지막으로 다시는 듣지 못할 애정 어린 조언

을 남길 때, 이들에게 감정이 있다면, 이들은 틀림없이 이

유언을 잊지 못할 것입니다.

  2) 친구가 오랫동안 바다 건너 아주 먼 나라로 떠나려고

---

7 1837년 3월 5일에 던디에 있는 성 베드로 교회에서 한 설교.

해서, 같이 가 친구를 배웅해 주고 친구의 마지막 애정 어린 조언을 들을 때, 여러분은 눈물을 흘리며 쓸쓸한 집으로 돌아오면서 이렇게 다짐할 것입니다. '그래, 아무개가 해준 말을 내가 많이 잊었을지 몰라. 그렇지만 이 작별 인사말은 절대로 잊지 않겠어!'

3) 자, 형제 여러분, 구주는 지금 작별 인사를 하고 계십니다. 제자들이랑 마지막으로 만나셨고, 이제 곧 머나먼 길을 떠나려고 하십니다. 모든 하늘 너머 하나님 앞으로 가려고 하십니다. 하늘은 만물을 회복하실 때까지 마땅히 그분을 받아 두어야 하기 때문입니다(행 3:21). 구주는 아주 먼 나라, 더 좋은 나라로 떠나려고 하십니다. 자기 아버지요 그들의 아버지시며, 자기 하나님이요 그들의 하나님에게 올라가려 하십니다(요 20:17). 그런데 그냥 떠나지 않으시고 작별 인사를 남겨 두고 가셨습니다. 바로 이 말씀입니다. "너희는 온 천하에 다니며 만민에게 복음을 전파하라."

자, 예수님이 여러분의 친구요 구주시라면, 여러분은 그분의 계명을 모두 지킬 것입니다. "너희가 나를 사랑하면 나의 계명을 지키리라"(요 14:15)고 예수님이 친히 말씀하셨습니다. 그리스도께서 여러분을 구원해 주셨고 여러분이 그분을 진심으로 사랑한다면, 여러분은 주의 규례들을 항상 사모함으로 마음이 상할 것입니다(시 119:20). 여러분은 온전하지 않고, 온전함과 거리가 멀겠지만, 하늘에 계신 여러분 아버지의 온전하심과 같이 온전하기를 바랄 것입니다(마 5:48). 더구나 예수님이 죽음을 앞두고 주신 계명이라면 더욱 지키고 싶을 것입니다. 예수님은 잡히시던 날 밤에 떡을 가지고 제자들에게 떼어 주시며 "이를 행하여 나를 기념하라"(눅 22:19)고 하셨습니다. 그렇지만 여러분이 가장 지키고 싶은 계명은 예수님이 작별하실 때 주신 계명일 것입니다. "너희는 온 천하에 다니며 만민에게 복음을 전파하라"

이렇게 해서 이 계명은 예수님이 구름에 가리어 보이지 않게 되었을 때, 온 세상을 늘 상냥하게 비추던 예수님의 다정하고 사랑 넘치는 얼굴을 제자들이 마지막으로 바라다봤을 때, 제자들과 함께 남게 된 것이 틀림없습니다. 제자들은 이제 그리스도 없이 산을 내려오면서 그리스도의 가르침을 자주 받던 그 동산, 그리스도께서 신비롭게도 땀이 핏방울같이 되기까지 고뇌하며 기도하시던 바로 그 동산을 지날 때(눅 22:44, 새번역), 서로에게 이렇게 말했을 것입니다. '이보게들, 예수님이 우리한테 명하신 것을 우리가 많이 잊었을지 모르네. 그렇지만 이 작별 인사 말씀은 절대로 잊지 마세나.'

아, 친구 여러분, 여러분도 정말 그렇습니까? 그리스도의 작별 명령, 여러분 마음속에 가장 깊이 새겨져 있어야 하는 이 명령을, 성령님이 손수 지옥의 어떤 권세도 지울 수 없을 만큼 아주 깊이 아로새겨 주셨습니까? 여러분, 마음속에서 이런 감정이 끊임없이 솟구치십니까? '그래, 그리스도께서 내게 명하신 것을 내가 많이 잊었을지 몰라. 그렇지만 이 작별 인사 말씀은 절대로 잊지 않겠어.'

아, 여러분 중에 구주를 알면서도 그리스도의 이 작별 명령에 한 번도 진심으로 순종한 적 없음을 가슴 깊이 자각해야 할 사람이 얼마나 많습니까? 여러분, 하나님의 자녀가 되고 나서 어떻게 살았는지 한번 되돌아보십시오. 그리고 하나님께, 또 여러분 양심에 여러분이 그리스도의 이 명령, 구주의 이 작별 인사 말씀을 지켰는지 대답해 보십시오. 여러분, 이방인에게 복음을 전하려고 무엇이든 내놓은 적이 있으십니까? 가장 작은 만족이라도 부인한 적 있으십니까? 이방인에게 복음을 전하는 데 더 많이 내놓으려고 저녁상을 더 조촐하게 차리거나, 사치스러운 옷을 벗어 버린 적 있으십니까?

여러분, 한번 말씀해 보십시오. 사람들이 그리스도의 이 명령에 복종해서 구주의 기쁜 소식이 온 세상에 전파되게 해 달라고 무릎 꿇고 기도한 적 있으십니까? 세상이 여기에 아무 관심이 없고, 이 명령을 무시하고, 자기네 사치와 안락을 위해 돈을 모으고, 스스로 의롭다 여기며 기도할 때 이방인들을 배척한다 해도, 저는 놀라지 않을 것입니다. 아니, 그런데 성도 여러분, 어떻게 여러분이 "너희는 온 천하에 다니며 만민에게 복음을 전파하라"는 이 명령의 말씀을 까먹습니까?

2. 반론

'이것이 그리스도의 작별 명령이라는 것은 알겠는데, 왜 이런 명령을 내리셨는지 그 까닭은 도무지 모르겠어요.'

자, 많은 사람이 우리가 왜 온 천하에 다니며 만민에게 복음을 전파해야 하는지 모른다는 것은 정말 사실입니다. 그런데 그 까닭을 모르더라도, 우리는 여전히 그리스도께 복종해야 합니다. 그분은 우리보다 지혜로우시기 때문입니다. 어떤 아버지가 자식들에게 부당한 명령을 남겨 놓고 죽었다면, 그 명령을 따르지 않고 그대로 두는 것이 좋을 것입니다. 그런데 그리스도께는 그럴 수 없습니다. 그분은 누구보다 지혜로우시기 때문입니다. 그리스도 안에는 지혜와 지식의 모든 보화가 감추어져 있습니다(골 2:3). 또 그분은 누구보다 선하시기 때문에, 우리는 까닭을 몰라도 그 명령이 모두 지혜롭고 선하다고 굳게 믿을 수 있습니다.

군대에서 질서를 바로잡으려면, 지휘관이 명령을 내릴 때 아무도 가만히 서서 이것이 좋은 명령인지, 합당한 명령인지 판단하지 않고 다 같이 그 자리에서 복종해야 합니다. 누구 하나가 멈추어 서서 자기 의견을 내세우기 시작하면, 너도나도 다 자기 의견을 지닐 테고, 보편 활동은 일어나지 못할 것입니다. 그러다 보면 군에 규율이 사라질 것이 불 보듯 뻔합니다. 유럽을 비롯한 다른 모든 군대의 안전을 철저히 보장해 주는 것이 하나 있다면, 바로 지휘관의 명령에 절대복종한다는 것입니다. 병사들은 가만히 서서 이것이 합당한 명령인지, 옳은 명령인지 따지지 않고 재빨리 명령에 복종합니다. 그리스도께도 꼭 마찬가지입니다. 그분은 여리고 평야에서 칼을 빼어 손에 들고 여호수아를 만난 위대한 대장이십니다(수 5:13). 우리가 그분의 병사라면 우리는 멈추어 서서 이러쿵저러쿵 따지지 말고 서둘러 복종해야 합니다. "(내가) 주의 계명들을 지키기에 신속히 하고 지체하지 아니하였나이다"(시 119:60).

또 배 위에서 질서를 바로잡으려면, 선장이, 아니 선장만이 최고 명령권을 가져야 합니다. 선장이 명령을 내릴 때 아무도 가만히 서서 이것이 지혜롭고 슬기로운 명령인지 알아보지 않고 다 같이 서둘러 복종해야 합니다. 영국 해군이 다른 모든 해군보다 뛰어난 것은 주로 이 사실 때문입니다. 순전히 이 사실 때문에 많은 배가 파선과 난파의 위험에서 벗어납니다.

파란 하늘에 먹구름 한 점 없는 아주 고요한 날에 남쪽 바다를 항해하던 배 이야기를 다 들어 보셨을 것입니다. 아주 멋진 여름밤이었습니다. 산들바람이 살랑살랑 부니까 배는 돛을 다 펼쳐 놓았습니다. 가장 연륜이 많은 선원도 위험이 다가오는 것을 알아차리지 못하던 참인데, 선장이 뜬금없이 '한시도 지체 말고 돛을 싹 걷으라'는 명령을 내립니다. 선원들은 놀랐습니다. 도대체 왜 돛을 걷으라고 하는지 알 수 없었습니다. 가장 연륜이 많고 조심성 많다는 선원도 이해가 되지 않았습니다. 바다와 하늘은 줄곧 맑을 것만 같았기 때문입니다. 하지만 모두가 재빨리 복종했습니다. 잠시도 우물쭈물하지 않고 돛을 싹 걷어 올렸습니다. 그런데 무시무시한 돌풍이 몰아치자, 고요했던 바다에 집채만한 물결이 일고, 그날 밤 꼼짝없이 다 죽게 생겼던 것입니다. 그때 만약 돛이 펼쳐져 있었다면, 이들이 할 수 있는 일은 거의 없었을 것입니다. 조심성 많은 선장이 기압계를 지켜보고 있었는데, 갑자기 기압이 뚝 떨어지는 것을 보고 끔찍한 폭풍이 눈앞에 닥친 것을 알았습니다. 까닭을 몰라도 명령을 따르는 것이 좋다는 것을 선원들은 그날 밤 확인했습니다. 형제 여러분, 우리도 마찬가지입니다. 그리스도는 "너희는 온 천하에 다니며 만민에게 복음을 전파하라"고 하셨습니다. 이것은 여러분을 위해 죽으신 구주께서 작별을 앞두고 하신 명령입니다. 여러분, 까닭을 잘 몰라도, 복종하십시오. 그분은 여러분의 선장이십니다. 여러분보다 훨씬 지혜로우십니다. 여러분의 영혼을 파선에서 건지려면, 이 작별 인사 말씀을 소중히 여기십시오.

3. 반론

'우리가 다 온 천하에 복음을 전파하러 다니면, 집에 남아 있는 그리스도인이 없을 거예요.'

자, 제 답변은 많은 사람이 이 명령을 성령 안에서 따르지 문자 그대로 따르지 않는다는 것입니다. 첫 제자들도 모두 이 명령을 문자 그대로 따르지 않았습니다. 이들 가운데 많은 제자가 사방으로 흩어져 가는 곳마다 말씀을 전했지만, 여전히 많은 제자가 집에 남아 있었고, 친구들에게 돌아가 주께서 자기들에게 어떻게 큰일을 행하셨는지 알렸습니다(막 5:19).

장군이 수단과 방법을 가리지 말고 적의 요새를 에워싸라고 명령할 때, 이것은 결코 병사 하나하나가 다 실제로 성벽을 타고 기어올라 성 안으로 들어가라는 말이 아닙니다. 그는 많은 병사가 뒤에 남아 짐을 지켜야 한다는 것을 잘 압니다. 또 어떤 병사는 나팔과 북 소리로 전우들의 사기를 북돋워야 하고, 아프거나 다친 병사들은 전장에서 멀리 떨어져 있어야 합니다. 그래도 마음은 다 이 일에 가있고, 승리에 일조하고 싶어 모두 손이 근질근질합니다. 형제 여러분, 마찬가지로 그리스도께서 "너희는 온 천하에 다니며 만민에게 복음을 전파하라"고 하실 때도, 모든 그리스도인에게 가라고 말씀하시는 것이 아닙니다. 그리스도는 많은 그리스도인이 집에 남아 교회를 돌봐야 한다는 사실을 아십니다. 많은 그리스도인이 쉬지 않고 부르짖는 일로 형제들의 사기를 북돋아야 하고, 또 많은 그리스도인이 뒤에 남아 아픈 사람과 다친 사람을 돌봐야 한다는 것을 아십니다. 그러나 모든 그리스도인이 가야 하는 것은 아닐지라도, 마음으로는 다 이 일에 동참해야 합니다. 입술로 이 일을 위해 간청해야 하고, 승리에 일조하기 위해 손으로 할 수 있는 일을 해야 합니다.

또, 선장이 순풍에 돛을 다 펼치라고 명령할 때, 이것은 선원 하나하나가 다 돛대에 올라야 한다는 말이 아닙니다. 선장은 많은 선원이 밑에 남아 갑판에서 밧줄을 잡아야 한다는 것을 잘 압니다. 선장은 돛대 꼭대기에 오를 힘과 재주가 없는 선원이 많다는 것을 압니다. 그래도 모두가 거들어야 하고, 모든 손과 눈이 이 일에 동참해야 합니다. 배가 속도를 높일 수 있도록 모든 선원이 무엇이든 해야 합니다. 형제 여러분, 마찬가지로 그리스도께서 "너희는 온 천하에 다니며 만민에게 복음을 전파하라"고 하실 때도,

모두가 실제로 가야 한다는 것이 아니라, 모두가 거들어야 한다는 것입니다. 모든 그리스도인의 마음과 눈이 세상의 회심이라는 큰 업적에 가 있어야 합니다.

이 명령에 복종할 수 있는 길이 여럿 있습니다.

1) 많은 사람이 이 계명을 문자 그대로 복종해야 합니다. 형제 여러분, 오늘 여기서 그리스도의 작별 명령에 귀 기울이는 사람들 중에 이 명령을 문자 그대로 복종해야 할 사람이 있을지 모릅니다. 멸망하는 세상을 불쌍히 여긴다는 이 한 가지 면에서 하나님이 타고난 자질과 그리스도를 아는 구원의 지식을 주시고, 그리스도를 많이 닮게 해주신 사람, 그리고 섭리로 문을 열어 주신 사람이 있을지 모릅니다. 이런 사람이 여기 있다면, 집에 가서 "너희는 온 천하에 다니며 만민에게 복음을 전파하라"는 그리스도의 이 말씀이 여러분에게 하신 말씀이 아닌지 생각해 보십시오. 여러분도 바울처럼 땅 끝까지 이르러 하나님의 증인이 되라는 이 일 때문에 회심한 것은 아닌지 가서 확인해 보십시오. 여러분도 "내가 부득불 할 일임이라 만일 복음을 전하지 아니하면 내게 화가 있을 것이로다"(고전 9:16)고 할 수 있지 않은지 확인해 보십시오.

물론 이 부득이함에 복종하지 않더라도 여러분의 영혼이 쫄딱 망하지는 않겠지만, 여러분은 영원한 영광의 크고 중한 것을 잃고 말 것입니다. 여러분은 그냥 구원받을 것이고, 그것이 다입니다. 많은 사람을 옳은 데로 돌아오게 해서, 별과 같이 영원토록 빛나는 사람들에 대면(단 12:3), 여러분의 빛은 어둡고 흐릿할 것입니다.

2) 여러분은 모두 다른 사람들을 보낼 돈을 댐으로 이 명령에 복종할 수 있습니다.

제 설교를 듣는 하나님의 자녀들 중에 이 명령을 이렇게 따르는 데서 면제받을 수 있는 사람은 아무도 없습니다. 그리스도를 위해 무언가를 내놓으려고 자신을 부인하는 것은 여러분이 부유하든지 가난하든지 똑같이 할 수 있는 일입니다. 친구 여러분, 오늘날 자선 사업이나 그리스도인의 사랑을 아주 잘못 알고 있습니다. 사람들은 쥐꼬리만큼 내놓거나, 이웃들이 내놓는 만큼, 손해 보지 않을 만큼 내놓고는, 이것이 그리스도인의 사랑이라고 생각합니다. 친구 여러분, 그리스도는 그렇게 하지 않으셨고, 그러니까 이것은 그리스도인의 사랑이 아닙니다. 그리스도는 적게 내놓지 않고, 많이 내놓으셨습니다. 자기 이웃들만큼 내놓지 않고, 자기 옆에 있는 누구보다 더 많이 내놓으셨습니다. 손해 보지 않을 만큼 내놓지 않고, 우리를 위해 자기 목숨까지 내놓으셨습니다.

형제 여러분, 여러분도 가서 이와 같이 하십시오. 여기서 여러분은 세상과 아주 다른 사람이 되어야 합니다. 세상은 서로를 본받지만, 여러분은 그리스도만을 본받아야 합니다. 여러분은 자기를 부인해 가며 내놓을 수 있을 때까지, 결코 행복한 신자가 되지 못할 것입니다. 그때까지는 결코 그리스도를 닮지 못할 것이기 때문입니다. 그리스도는 배고프고 목마르고 피곤하고 십자가에서 저주받은 죽음을 죽기까지 자신을 내놓으셨습니다. 다 불쌍하고 잃어버린 영혼들을 위해서 하신 일이었습니다. 그런데 여러분은 배가 터져라 먹고 마시면서 불쌍하고 잃어버린 영혼들을 위해 아무 고통과 궁핍도 견디지 않으려 하십니까? 그러고도 정말 여러분이 그리스도의 마음을 품었다고 생각하십니까? 제가 여러분에게 괴롭고 미련한 일을 시킨다고 하지 마십시오. 그리스도는 이 말씀을 아주 가난한 어부들에게 남기셨습니다. "주는 것이 받는 것보다 복이 있다"(행 20:35). 그리스도를 위한 일은 여러분이 아껴 모은 돈을 맡기기에 가장 좋은 은행입니다. 여러분의 떡을 물 위에 던지십시오. 여러 날 뒤에 도로 찾을 것입니다(전 11:1).

3) 여러분은 기도로 다른 사람들을 도움으로 이 명령에 복종할 수 있습니다.

그리스도의 이 말씀은 여전히 깊은 의미가 있습니다. "이에 제자들에게 이르시되 추수할 것은 많되 일꾼이 적으니 그러므로 추수하는 주인에게 청하여 추수할 일꾼들을 보내 주소서 하라"(마 9:37-38). 제 설교를 듣는 성도들 중에 이 명령을 따르는 데서 면제받을 수 있는 사람은 아무도 없습니다. 오늘날 이방인을 위한 기도의 의무를 아주 우습게 여기는데, 대단히 걱정스러운 일입니다. 여러분에게 직접 묻겠습니다. 여러분, 세상을 위해 날마다 양심을 따라 하나님께 간구하고 계십니까? 그렇지 않은데도 여러분은 자신이 그리스도를 닮았다고 생각하십니까? 이것이 예루살렘을 보고 우신 그리스도의 마음입니까? 그리스도는 아무도 멸망하지 않고 모든 사람이 진리를 아는 데 이르기를 바라신다고 했습니다(벧후 3:9; 딤전 2:4). 여러분은 인도의 수백만 사람이 거기서 멸망하기를 바라십니까? 아니라면, 기도하지 않으시겠습니까?

구주를 사랑하는 어린 자녀 여러분, 다른 데서는 여러분이 할 수 있는 일이 별로 없을지 모릅니다. 그러나 여러분이 침상 옆에 무릎 꿇을 때, 구원할 능력이 없는 잔인한 우상들에게 기도하는 불쌍한 인도 아이들을 기억하십시오. 그리고 하나님께 추수할 일꾼을 보내 달라고 간구하십시오. 찢어진 휘장으로 자주 들어오는 성인 여러분, 여러분이 하나님의 제사장임을 기억하십시오. 자, 제사장은 자기만을 위해 기도하지 않고 다른 사람들을 위해서도 기도합니다. 여러분, 기도할 때조차 자기밖에 모르시겠습니까? 하나님 앞에서도 자기만 생각하시겠습니까? 아, 하나님과 씨름하면 여러분이 이길 것입니다. 인도가 언젠가 돌이킨다면, 기도에 대한 응답일 것입니다. 아버지께서 아들에게 말씀하셨습니다. "내게 구하라 내가 이방 나라를 네 유업으로 주리니"(시 2:8). 형제 여러분, 우리는 그리스도의 몸입니다. 아버지께 구합시다. 그러면 우리에게도 주실 것입니다.

로버트 맥체인 설교 시리즈 2

로버트 맥체인 설교집
마가복음

펴 낸 날 2016년 9월 26일 초판 1쇄

지 은 이 로버트 맥체인
옮 긴 이 임정민

펴 낸 이 한재술
펴 낸 곳 그 책의 사람들

편   집 서금옥
디 자 인 참디자인

판   권 ⓒ 그책의사람들 2016, *Printed in Korea*.
저작권법에 의하여 한국 내에서 보호를 받는 저작물이므로 무단 전재와 복제를 금합니다.

주   소 경기도 수원시 권선구 여기산로 42, 101동 313호
전   화 0505─273─1710   **팩   스** 0505─299─1710
카   페 cafe.naver.com/thepeopleofthebook
메   일 tpotbook@naver.com   **페이스북** www.facebook.com/tpotbook
등   록 2011년 7월 18일 (제251─2011─44호)
인   쇄 불꽃피앤피

책   값 7,000원
I S B N 979─11─85248─18─9 04230
             979─11─85248─16─5 04230(세트)

이 도서의 국립중앙도서관 출판시도서목록(CIP)은
서지정보유통지원시스템 홈페이지(http://seoji.nl.go.kr)와
국가자료공동목록시스템(http://www.nl.go.kr/kolisnet)에서 이용하실 수 있습니다.
(CIP제어번호: CIP2016020230)

· 이 책은 출판 회원분들의 섬김으로 만들어졌습니다.